未來的兩種命運，

你選哪一種？

再見，平庸世代

你在未來經濟裡的位子

AVERAGE IS OVER

POWERING AMERICA BEYOND THE AGE OF THE GREAT STAGNATION

Tyler Cowen

泰勒・柯文 著　洪慧芳 譯

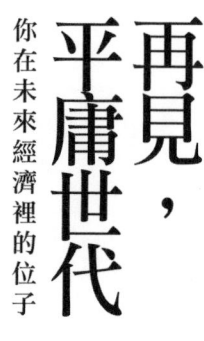

謹獻給娜塔莎 Natasha

有人問西洋棋大師杜納爾（Jan Hein Donner）打算用什麼招數對付電腦，他回應：「榔頭吧。」

本書書名的靈感，是來自湯馬斯・佛里曼（Thomas Friedman）在《紐約時報》專欄的系列文章。佛里曼在他與邁可・曼德鮑（Michael Mandelbaum）合著的《我們曾經輝煌》（*That Used to Be Us*）一書中，以一章深入探討了這個概念，那章的標題就是「平庸世代的終結」，他們在這個重要議題上的研究和思維惠我良多。我也想向讀者推薦艾立克・布林約爾松（Erik Brynjolfsson）和安德魯・麥克菲（Andrew McAfee）的《與機器賽跑》（*Race Against the Machine*）。這本書在我做研究及撰寫本書時出版，閱讀他們的研究並與他們討論，令我獲益匪淺。

目次

Part 1 即將來臨的「無平庸時代」

再見，
平庸世代

Part 1　即將來臨的「無平庸時代」

第1章

跟電腦搶工作，你就死定了！

未來的工作與薪資

這本書要傳遞的並不是好消息。

找不到工作的年輕人，如今比比皆是，即使有幸找到工作，薪水也節節下滑。今天，通膨調整後的高中畢業生薪資，比二〇〇〇年少了一一％，大學畢業生薪資也少了五％。多年來，大學畢業生的失業率始終在一〇％左右盤旋，大材小用、高成低就的情況近二〇％。令人遺憾的是，即使經濟蕭條早在二〇〇九年結束，經濟再度擴張，但年輕人的工作機會還是愈來愈少。

很多人都看到自己的經濟前景蒙上了陰影，年輕人就業市場的問題——在很多國家都看得到——其實是未來職場的前兆。缺乏適當的訓練，就等於吃了閉門羹，與機會絕緣。

在此同時，收入最高的層級（他們通常都有

高學位）則是年收入大幅增加。「兩極化」是我們這個世代的代表辭，用來形容未來可能更加貼切。

這句話將適用於你的工作內容、你的收入、你的住所、你和你子女的教育，甚至連你最親密的關係可能也適用。婚姻、家庭、企業、國家、城市和地區，都會看到兩極化的發展：亦即一端的品質大幅攀升，另一端只求勉強圖存。

這樣的趨勢是由許多基本又難以逆轉的力量所促成的，包括：智慧型電腦的生產力提高、經濟全球化，以及現代經濟分裂成「陷入停滯」和「生意盎然」兩種命運。以iPhone為例，它是以全球規模製造，集電腦、網路、通訊、人工智慧於一體的劃時代創新，並集當代最頂尖科技之大成，可說是一九八五年以來最強大的電腦。但相較於這個進步如此神速的產業，有些產業卻是幾乎零進展的。例如目前的航空業，飛行的速度並沒有比一九七〇年快，另外，我們的中小學教育也看不出有什麼進步。

科技的極速成長，將會帶來一些驚人的影響。例如，勞工將逐漸分為兩種命運，日後就業的關鍵問題是：你擅長使用智慧型電腦嗎？你所擁有的技能，和電腦的功能互補嗎？還是說，電腦可以比你做得更好？最糟的情況是，你是在**跟電腦競爭**工作嗎？電腦幫中國人和印度人跟你競爭嗎？

如果你和你的技術，是跟電腦互補的，那麼你的薪資和就業前景可能比較樂觀。如果你的技能和電腦並不互補，你可能需要先解決無法配合的問題。未來將會有愈來愈多人面臨技能不足的考驗，換言之，平庸世代再見了。

這個論點，將能幫助我們釐清當前許多關鍵的議題。例如，我們該如何改革教育？新的工作將來自何處？為什麼有些工作的薪資長期停滯，有些工作卻開始上揚了？將來什麼樣的地方房地產價格會飆漲，什麼樣的地方將會沒落？為什麼有些公司愈來愈聰明，有些公司連要賣出東西都很勉強？哪些上班族將會賺更多錢，哪些勞工將被迫搬到租金低廉的地方勉強度日？還有，我們的購物、約會、會議方式，又將會出現什麼改變？

該怕的不是科技創新，而是我們懶得學習

我們眼前即將出現的，是一個充滿驚奇的時代。如今冒出來的新科技，可能會帶我們走出我上本書裡提到的「大停滯」（早安財經出版）。西方世界和日本的實質經濟成長確實持

續走緩，但本書將會說明這樣的趨勢可以如何改變：關鍵不在於新科技本身，而在於我們如何運用那些新科技。

智慧型電腦所使用的科技，可能會讓人聯想到科幻小說中機器人背叛人類的情節，或是電腦有了情感，會談情說愛，或甚至以神自居。不過，實際上的進步，則要看各種能力的整合而定，而不是全看「人工智慧」這個單一元素。無論你稱那些電腦是「人工智慧」（AI）、「軟體」、「智慧型手機」、「優異硬體與儲存」、「更好的整合系統」，或是上述的任何組合，目前出現的情況是：**電腦的能力正日益取代勞工的智慧，這股浪潮可能一舉把你往前推升，也可能狠狠把你甩在後頭**。

科技的魅力和未來的工作型態，啟發了一些重要的著作，例如馬丁・福特（Martin Ford）的經典之作《未來之光》（*The Lights in the Tunnel*）、布林約爾松和麥克菲最近發表的出色電子書《與機器賽跑》（*Race Against the Machine*），以及雷・科茲威爾（Ray Kurzweil）談人類如何和科技融合的那些充滿未來感的作品。關於機械化的論戰不時會捲土重來，一九三〇年代和一九六〇年代都出現過，如今進入二十一世紀，類似的論戰又冒出來了。

「再見，平庸世代」的論點，就是以這些影響深遠的作品為基礎。我將在本書中勾勒出一種未來的景象，乍看之下可能很怪異，但是至少對我來說，卻是再理所當然不過。身為經濟學專欄作家，目前為止我最常收到的讀者提問是：「未來中低技能的工作是什麼樣子？」現在大家突然都急著想要知道答案，但是這個問題其實要遠溯至十九世紀的大衛・李嘉圖（David Ricardo）和查爾斯・巴貝奇（Charles Babbage）。李嘉圖是他那個年代探討「機械化問題」的頂尖經濟學家，巴貝奇是現代電腦之父，他也寫作探討了徹底的機械化將如何重新塑造工作。

如今，這些問題再度成為焦點，因為我們又走到了技術革命的十字路口了。電腦的智能可以解決迅速增加的問題，這個趨勢看來是愈來愈明顯了。而未來會長什麼樣子的輪廓，也已開始浮現。一九九七年，IBM電腦深藍（Deep Blue）擊敗了當時的世界西洋棋王蓋瑞・卡斯帕洛夫（Garry Kasparov）。二〇一〇年，電腦程式「華生」（Watson）在益智節目《危險境地》（*Jeopardy!*）擊敗了人類冠軍肯・詹寧斯（Ken Jennings），這一天，來得比大家預期的還要早。

再過沒多久，我們即將擁有一種能完全了解人類「自然語言」的電腦。幾年前，那還是大家覺得非常困難的大問題，才不過幾年光景，如今已不可同日而語了。你只要跟 iPhone

的 Siri 聊聊就知道，它可能了解你的聲音，提供你正確的答案，還會幫你安排行程。Siri 偶爾會因為犯錯或反應遲鈍而令人失望，但是它（或其他類似軟體）在資料日益擴充及使用者推薦資訊的協助下，將會迅速改進。今天，只要是可以清楚提出的問題，每個人手邊可用來解答的軟體——無論是透過 Siri、Google 或維基百科——裡頭所涵蓋的知識，已離全世界擁有的知識不遠了。

紡織廠裡只需要一個人與一條狗……

這裡必須強調一點，每次你使用 Google 搜尋，其實都是在依賴電腦的智能。每次臉書（Facebook）推薦一個朋友給你，或是讓你看到一則廣告，每次你使用衛星導航系統（GPS）找出前往派對地點的路線，其實都得感謝電腦的智能。

另外，也別忽略了機器人，即使它們可能永遠不會向上帝禱告，也無法變成人類。台灣的富士康公司，是全球最大的代工電子製造商，二〇一一年富士康宣布一項計畫，要讓工廠內的機器人數量增加一百倍，使總數達到一百萬台。最近中國的薪資上漲後（當然還是低於西方標準），富士康已經不覺得中國的勞力很便宜了。美國也是如此，工業機器人的使用正大幅增加，北美未來的前景可能是：美國、加拿大和墨西哥聯合組成一個經濟體，大舉投資生產訂製機器人，再運用這些投資來主導全球的製造業。

今天，機器人引導的機械手臂在手術室裡很常見，而電腦駕駛飛機的時間比飛行員操作時間還長。南韓正在實驗機器人獄警，在囚犯出狀況時，馬上巡查並通報任何惡行。無人駕駛車已在柏林和內華達州的街道上行駛，佛羅里達州和加州也通過法案，讓電腦操控的無人駕駛車上路。Google 團隊已經試駕這種汽車數十萬英里了，目前為止沒有發生過任何事故或重大車禍。至於媒體報導的五車追撞事故，那是發生在車子從「電腦操控」改為「真人操控」之後。有些 Google 的員工就是乘坐這種自駕車上班，這些智慧型汽車看起來不像科幻卡通《摩登家庭》（*The Jetsons*）裡所描述的那樣，無人駕駛功能是由許多感應器、電線、軟體組合而成，這種科技是真的可行。

如今有個笑話是這麼說的：現代的紡織廠只需雇用一個人和一條狗，人負責餵狗，狗則負責阻止人接近機器。

其實，我們都寧可相信電腦……

軟體也開始影響新聞界。

伊利諾州的敘事科學公司（Narrative Science）發明了智慧型電腦分析程式，實驗發現，這個程式可以分析統計數據，自動寫出品質尚可的體育賽事、公司財報、總體經濟數據等報導。短期內，這些程式不會成為最重要的新聞報導工具，但可能很快就會為讀者製造出大量一般性的新聞。它們也會真的取代一些工作，例如地方性的小報，未來還需要派記者實地去看小聯盟的棒球賽嗎？

另外，電腦軟體不只是嘗試寫作，還會給學生的作業打分數——這裡指的，不只是改小考的選擇題而已，甚至可以針對學生寫到一半的作業，提出寫作建議。當然，這些程式仍有瑕疵需要改進（聰明的學生可能會用看似連貫的廢話來蒙騙程式），但是它們演進的功能，遠比我們五年或十年前預期的先進許多。作家和老師們現在得好好思考，他們的工作中有哪些部分未來交給智慧型電腦來做，搞不好成效更好，同時也要密切注意哪些部分有「電腦無法取代」的價值。

還有網路上的交友配對運算法，現在可以為我們指引愛情的方向，取代了以前的媒人。交友平台Match.com最近改善了服務，截至二〇一一年夏季，其發送的電子郵件中，有半數以上是源自於推薦的配對，而不是尋偶者在毫無協助下的盲目挑選。對交友網站業者來說，他們的未來有賴於更好的運算法，無論那個運算法是否真的幫我們找到最速配的人。可以這樣說，電腦的建議其實是想盡辦法讓使用者早點挑個貌似合理的約會對象，而不要老在瀏覽更多的人選及延後決定。那種可能性也說明了，我們寧可聽信電腦，即使電腦不見得比較擅長這個任務。

在美國最大的在線DVD租賃商奈飛（Netflix）網站上，用戶現在挑選影片時，習慣諮詢或遵照系統的運算法結果。做最後決定的當然還是我們，但是在挑選影片方面，現在多了一個聰明的新夥伴。

到最後，有些發展可能會令我們不寒而慄，原因可能就是因為效果太好了。加州聖塔克魯茲市（Santa Cruz）已經開始使用智慧型電腦來派遣警力，以打擊偷車與竊盜案。這個程式是由一群社會學家和兩位數學家一起開發的，可以預測哪個地區在哪個時段最有可能發生竊盜案，《美國統計協會期刊》（*Journal of the American Statistical Association*）已經發表過那套系統。一有新的竊盜案發生時，預測會每天重新校準。此模型是參考一些餘震預測系統設計的，目前還需要進一步研究，但未來肯定會出現更多自動犯罪預防的程式。美國運輸安全管理局（TSA）正在實驗一種偵測軟體，透過掃描肢體語言的方式，來預測乘客是否有犯案動機。

這些創新不見得每一項都很實用，不過，我們可以先來問幾個問題。第一，我們在哪些重大領域看到，目前的技術進步已遠遠超越幾年前的預期？第二，我們在哪些領域看到，許多充滿前景的新科技正在進步？第三，我們可以預期，哪些領域在創新動力的持續推進下會繼續壯大？這裡所指的創新動力，包括全球化，以及用來預測電腦的處理能力將持續迅速飆升的摩爾定律。

最後還有一點：我們是否已經看到證據顯示，這些領域已經影響了衡量全民幸福感的經濟統計數據？我會在後面更深入探討這些問題，但目前**要講的重點是，這些答案所牽涉的經濟領域都攸關一項科技：機器智能（mechanized intelligence），而機器智能對經濟統計數據的影響將會愈來愈大。**

人類好單純，行為好容易預測

下一階段，我們也許會看到有些電腦可以精確預測我們的行為。艾西莫夫（Isaac Asimov）影響最深遠的作品之一，是已經被大家遺忘的短篇小說〈特權〉（*Franchise*）。在這個故事中，民主選舉已經過時。智慧型電腦會吸收當前絕大多數的經濟和政治資訊，以估計哪位候選人會勝出（事實上，只要一些變數就能準確預測總統大選，例如GDP的改變、失業率、通膨率、是否有大型戰爭等等）。

很多人也許會覺得，這樣的世界太離譜，摧毀了我們自由與自主的珍貴底線。但也許，我們本來就不像我們所想的那麼自由。依據你的背景、你的親朋好友、你閱讀的書籍、所看的電影，來判斷你在大選時會投誰一票，這是什麼新鮮事嗎？科技的未來可能暗示了「我們其實很好預測」這個令人不安的事實。二〇一二年的美國大選中，候選人早就已經大舉投資在選情預測，以便找出支持者及重要的游離選區。

以下摘錄自《紐約時報》，證明我們已經發展到這個境界了：

電腦處理資料時，波爾可以找出約二十五項產品，只要綜合起來分析，就可以讓他幫每位購物者算出她的「懷孕預測」指數。最重要的是，他還可以預測她的預產期是落在某個狹小的區間，所以塔吉特（Target）百貨公司可以依照對方的懷孕階段，寄送折價券給她。

今天的電腦使用運算法，可以處理大量的個人購物資料，知道孕婦在懷孕初期會購買大量的鈣、鎂、鋅補給品，在妊娠第二期之初會購買無香味的乳液，到了快臨盆時則會購買消毒洗手液和超大包的棉球。

無論我們喜不喜歡，未來當有人跟我們洽談生意時，對方很可能會仰賴機器智能的協助。在談判大型計畫或是會見潛在的商業夥伴時，我們和對方的互動都會被記錄下來，進行即時處理與分析，就像超級電腦華生剖析益智節目《危險境地》的問題一樣。雙方可能都會收到一份即時報告，顯示對方何時可能在說謊、壓力指數多高、敘述的詳細程度，以及誰講話更有威信、使用幾次第一人稱代名詞等等，這些都是從分析聲音資料得出來的結果。程式將會根據這些資料和其他可衡量的因素，拿來建構及傳輸那個對話的「解讀報告」。電腦不需要達到完美，甚至不需要接近完美，只要比你自己的判斷更優一點就行了。

使用軟體來分析人類的聲音，藉此辨識對方是否在說謊，這類研究正在進行中。史丹佛大學教授任韶堂（Dan Jurafsky）和哥倫比亞大學教授茱莉亞．赫施伯格（Julia Hirschberg）是這個領域的頂尖專家，他們宣稱他們的程式比觀察家的肉眼觀察更能偵測出欺騙。總之，未來經過進一步的改良與精進後，電腦很有可能真的能測謊。

想像一下，當你在跟別人談判的時候，iPhone 在你的口袋裡震動，根據電算分析結果傳輸訊號給你——每一次的小小震動，表示對方說了一次謊。又或者，訊息可能出現在我們的隱形眼鏡上。但這再也不是個普通小配件而已，最後每個人都會知道，對方正在即時進行這樣的分析。所以，談判者必須接受訓練，以愚弄或混淆對方的聲音來誤導程式。因此，程式也需要精益求精，才能跟上人類伎倆的演進。如此一來，就啟動了欺騙和測謊技術之間永無止境的「軍備競賽」，並衍生出一套複雜的社交互動——這可是比任何新玩意都還要重大的新聞。

看到這種社交互動對商業談判真的有效，我們人類會就此打住嗎？當然不會，只要人類的好奇心一如既往，這種技術就會出現新的用途，比如說，幫我們安撫第一次約會時的緊張與疑慮：她喜歡我嗎？這傢伙對我有意思嗎？他會想結婚嗎？她會讓我吻她的臉頰嗎？當然，我們無法阻止別人偷偷帶著記錄與分析裝置來跟我們見面。但是，以後肯定會有人發明一種方法，用來衡量對方的基因，就像經典電影《千鈞一髮》（*Gattaca*）描述的那樣。

另外，機器智能也會進駐我們的家中。想像一下，人工智慧記錄並分析你家客廳和臥室的情景。當然，讓家裡出現這樣的人工智慧可能會讓人不舒服，而且就算你定期接收「夫妻離婚機率」的分析，可能也無濟於事，但重點是：到時候你真的能忍住誘惑，不偶爾偷看一下數據嗎？

大數據，正在摧毀人與人之間的感情

這種機器智能不但可以用來分析別人，也可以用來改善你對自己的了解。約會時，女生可能會躲到洗手間裡，徵詢自己所攜帶的隨身裝置：我有多喜歡那個男人？電腦可以根據她的脈搏、呼吸、語氣、敘事的詳細程度等等數據來綜合研判。

還不只如此。將來，我們平常喜歡或關注什麼、我們看到廣告時有什麼反應，你都可以詢問自己的隨身裝置。美國的國防先進研究計畫署（DARPA）目前有一個專案叫做「腦機結合視覺系統」（Cortically Coupled Computer Vision），這個系統的最初應用，是幫分析師掃讀衛星照片，或協助士兵駕駛吉普車在危險地區穿梭。基本上，使用者要戴上一種特製頭盔，每次他感受到某種訊息時——例如「危險」、「可疑」、「曾經看過」等，就會啟動裝置。將來等這種裝置變得更輕巧隱密時，我們連頭盔都不用戴。你在購物中心裡閒逛，或是瀏覽櫥窗時，這個裝置就會幫你記錄哪些產品曾經吸引你的注意力。你可以設定程式，讓它在特定的時間提醒你，或是把那些資訊儲存起來，搭配合適的標籤，以便供未來參考，或許還可以結合網路搜尋，上網找找看有沒有折價券。

你對這樣的科技沒興趣？沒關係，企業會很有興趣。在大賣場裡，你推的購物車會用GPS追蹤你在店裡的動態，包括你最常逛哪個走道。他們也可以用影片及智慧型攝影機追蹤你，使用臉部辨識技術來彙整你在不同店家的消費資料。有些商店已經開始在測試對象的身上安裝攝影機，以追蹤購物者的視網膜，看購物者是如何及何時注意到某種產品。另外有些業者則是利用衛星定位，追蹤購物者的手機訊號以分析消費動態。當你踏進店裡時，店家會要求你先在購物車上刷卡，消費時才能享有折扣——通常，購物者都會把握這類折扣機會，就像很多人會欣然加入會員一樣，即使這樣做等於是同意店家蒐集他們的購物資料——為了享受較低的價格，很多人寧可犧牲一點隱私（我自己就是）。

已經有愈來愈多企業，啟動了這類實驗。這些企業發現，當消費者走進商店所看到的第一項產品的價格「似乎比預期便宜」時，信任感會增加，也比較願意在這趟購物之旅中掏錢消費。所以，如果智慧型電腦發現你踏進店裡，朝巧克力的方向走去，也許電子感應器會適時告訴你，巧克力區正在舉辦限時促銷活動——當然，是專門為你設計出來的促銷活動。

我們可以輕易看出，類似的發展如果用於分析人類的行為和意圖，可能會破壞很多正在醞釀的感情或交易。如果我們知道潛在交往對象的所有或部分缺點，可能會讓我們變得過於謹慎，而不敢再邁出一步。這樣下去，這個世界將會對負面資訊反應過度，稍微一點醜事曝光，就會讓我們失去對他人的信任。我們需要顯著的文化改變，才能勉強接受機器智能針對所有公眾人物、素人進行分析後，所做的大量赤裸報導。

舉個例子來說吧，萬一某位女性在約會空檔上洗手間時，手機突然通報她，跟她約會的男人正一直對女服務生微笑，該怎麼辦？很可能這男人真的是個色鬼，趁早甩了為上策，但也有可能一切只是誤會。當有了冷靜沉著的電腦在我們的身邊，過去讓我們安度日常生活的正面想法（例如：我們的孩子都優於平均值）很容易就消失了。也許，我說的這種情況不會在今年或明年出現，但很可能在我們的有生之年就能看到。

目前智慧型軟體已經可以揪出亞馬遜和 TripAdvisor 等網站上的假評論。康乃爾大學的一群研究人員發現了一種揪出假評論的方法，準確度高達九〇%。這種付費的假評論，通常有以下特徵：大量使用最高級評價、缺乏詳細說明、比較常用「我」這個字眼——也許是為了掩飾他們其實不知道自己在說什麼。但是，未來的假評論一定會進化，讓現有的軟體無法發現。不過，這一來也會讓軟體的能力進化，演變成另一場永無止境的「軍備競賽」。

同樣的，研究人員也在研究如何在線上交友中辨識騙子。初步的研究結果顯示，騙子的自我介紹通常會避免使用「我」（這點剛好和網路假評論相反），而且會使用很多否定語的描述（例如：不直接寫開心，而是用「不難過」）。他們自我介紹的內容也比較簡短，想必是為了減少維持謊言一致性的麻煩。在個人檔案中謊報年齡或體重的人，通常會用較多的篇幅來吹噓自己的成就。

這些電腦智慧分析在許多領域都突飛猛進——儘管領域不同，成熟度各異——但這個現象並非偶然。首先，摩爾定律依舊適用在處理速度的演進上，目前還看不出停下來的跡象。

第二，機器智能這個領域，目前為止大都不受法律規範。如果你拿機器智能和醫療保健對比，就會發現藥廠和醫院所面臨的法規障礙，遠多於Google、亞馬遜、蘋果之類的企業。創業家和科學家往往可以利用智慧型電腦開發實用產品，又不太需要獲得政府的特別許可。例如深藍、華生、Siri等這類軟體，都是在不受法規羈絆下開發出來的。當太多人有權力行使否決權時，技術進步的速度就會減緩。

那麼，這個新世界會如何改變年輕人對職業生涯該有的期待呢？

第2章

人，不再是稀有資源

未來經濟裡的贏家與輸家

這裡，我們就開門見山來問一個問題吧。如果說，機器智能幫助我們以更便宜的方式製造出更多東西，那麼，對哪些產業有利、對哪些行業不利呢？

根據經濟學的理論，效益來自稀有的資源。在如今的全球經濟中，稀有的資源包括了以下三大類：

1. 優質土地和自然資源。
2. 智慧財產權或創新的好點子。
3. 有獨特技能的優質勞力。

以下的資源並不稀有：

1. 隨著愈來愈多的國家加入全球經濟，**缺乏特殊技能的勞工**將會愈來愈多。
2. **銀行存款或投資政府公債的錢**。你可以把它們想成是簡單的資金，不附帶任何特殊的所有權（我們為什麼知道這種資金很多？因為它們的利率是零，甚至實質報酬率是負的）。

我們都看到了，那些資源的擁有者，今天都能享有高報酬，例如巴西、俄羅斯、加拿大、澳洲，擁有新資源的人都成了億萬富豪。另外，擁有智慧財產權的人與企業，也享有類似的豐厚收入，例如蘋果和科技業的創新者。

換言之，**如今的「稀有資源」指的是才華洋溢的創新勞工，因此他們享有高薪或高資本利得，而「大量資源」則是指一般勞工和一般的儲蓄**（只能獲得很低的報酬）。請記得這個大方向的論點，接下來我在本書中會偏重就業市場的討論，以及這個趨勢對我們有生之年的意義。

猜猜看，臉書創辦人是念什麼系的？

有個道理，已經在十九世紀的工業革命時代被證明是真的，放在現代來看依然不假，那就是：**電腦的出現，並不會讓所有人都失業。因為電腦摧毀傳統工作的同時，也創造了新的**

工作機會。這個新資訊時代將會催生截然不同的新職場，創造出一群新的贏家和輸家。

美國空軍副參謀長菲利普．布里德洛夫（Philip M. Breedlove），負責開發無人駕駛的軍用飛機，他最近表示：「我們空軍的頭號人手問題，就是為無人平台配置人力。」這包括修理與維護飛機的技工，以及研究影片和監視資訊的分析師。

空軍的資料顯示，讓掠奪者無人攻擊機（Predator drone）在空中飛行二十四小時，需要搭配一百六十八位地勤人員。更大型的無人機，例如全球鷹偵察機（Global Hawk surveillance drone），則需要搭配三百位地勤人員才能完成任務。相較之下，F-16 戰鬥機只需要不到一百人就能完成單次任務。

隨著智慧分析電腦的功能日益強大及普遍，最顯而易見的直接受惠者，就是擅長使用電腦以及相關通訊與資訊處理裝置的人。一位求職者只要能稍稍提升自己在重大科技領域的技能，就有可能獲得很好的薪資。

這意味著，數理分析能力強的人、了解電腦運作的人、善於運用電腦行銷及其他非技術性任務的人，都會因此受惠。這裡指的，不只是跟程式設計的技巧有關，通常也涉及開發使用軟體的硬體，了解哪種網路廣告可以和觀眾產生共鳴，或是了解哪種形狀和顏色能讓

iPhone在某個市場上更有吸引力。在新世界裡，電腦高手確實比較吃香，但不是每個人都必須成為電腦高手。

「懂電腦的人可享高薪」這個趨勢，也影響了許多矽谷以外的產業，而且不單攸關科學、科技、工程、數學（science, technology, engineering, and math，簡稱ＳＴＥＭ）等領域而已，因為其實現在很多科學家也找不到工作——比方說，你會認為一個剛拿到天文學博士學位的人，鐵定能找到工作嗎？相反的，創辦臉書的馬克·祖克柏（Mark Zuckerberg），其實是念心理系的，是心理學的知識幫助他將臉書打造成一個吸引人的網站。真正重要的，是融合專業技術和解決現實世界問題的能力，而不是光有數字運算或程式設計的能力就夠了。數字運算的技巧，遲早會交由電腦代勞。

未來將需要大量行銷人才：小乞丐如何吸引大富翁？

儘管大家都看好數理科技領域，我覺得**行銷**才是未來經濟的關鍵領域。

業務員可以利用電腦或工程方面的知識，向使用先進技術的用戶推薦複雜的技術產品。

如今想要成功推銷，擁有這類知識可能是必備的條件。這需要有一些數理科技的技巧為基礎，但也是一種行銷。例如娛樂事業，今天完全講求行銷，因為網路的普及已經讓很多文化產品的競爭更加白熱化。

表面上看來，假如你是按摩師，似乎不會受到電腦太大的影響，如果你對那種能提供按摩服務的機器人沒有好感，更有可能這麼想。但值得注意的是，現在有愈來愈多的按摩師，上Google與網路上行銷自己。重點是：要懂得利用電腦，也要能掌握良好的溝通技巧。

我們可以預期，由「真人提供服務」的行業將會增加很多就業機會，而且很多這類工作並不直接依賴電腦的運算能力。這主要是因為，當高收入的人賺得愈多，就會有愈多人搶著服務他們，其中有些服務可享高薪，有些則還是只能維持低薪。

沒錯，高收入者將會需要傭人、司機、園丁，但有些服務性質的工作並不屬於傳統服務業的範疇，我稱之為「創造顧客體驗」。舉例來說，你是否曾經走進一家餐廳，受到老闆的友善招呼，覺得老闆很讚？你是否曾在開會時，遇過那種幫你端上咖啡時，輕拍你肩膀給你打氣的助理？你是否曾在重要的商業談判上，發現對方笑容可掬，並主動提議未來要好好合作、交個朋友？這些人所做的事，就是讓你覺得更舒服——他們都是在做行銷。

也許你覺得這聽起來有點蠢，但是讓高收入者在生活的各個面向都感覺良好，將會是未來工作成長的主要來源。遲早有一天，要高收入者花錢買更多實體商品，會愈來愈困難，但是要讓他們花錢讓自己感覺更好——感覺世界變得更好、感覺他們自己變得更好、感覺他們能做得更好——很可能容易得多。

行銷之所以日益重要，是因為它整合了現代社會兩個看似毫無相關的特徵：一是不斷擴大的貧富差距，二是又多又雜的資訊氾濫。隨著金字塔高層的收入不斷增加，會有更多人想爭搶這群高收入者的商機，也因此行銷變得更加重要。

我們可以想像一下，假如有兩個億萬富豪坐下來共進午餐，他們對彼此的關注與期待很可能是差不多的。畢竟，他們都夠有錢，不需要迎合對方。當然，有些億萬富豪確實更重要，或是某個億萬富豪可能為了成為超級富豪而刻意迎合對方，但我們先撇開這些情況不談。

然後我們來想像另一種情況：其中一位億萬富豪搭著加長型豪華禮車，穿梭在印度加爾各答的街道。當禮車的窗戶搖下來，街頭上乞丐爭先恐後地湧上前來乞討。這些乞討者都希望能博取到富豪的關注，但這位富豪並不需要哪位乞丐特別關注他，相反的，這位富豪可能對乞丐蜂擁而至感到不知所措，但重點是：每個乞丐都會想辦法突破重圍，搶到富翁的施捨。

這個場景基本上就是當代世界的縮影，只不過其中的億萬富翁換成了高收入階級，而現實社會中的另一方也沒像印度乞丐那麼窮，況且他們不是行乞，而是運用電子郵件、垃圾郵件、網路廣告、折價券、團購方案、DM、信用卡帳單裡的廣告等等數百種現代科技，來爭取人們的關注。這些伎倆都會訴諸你我的虛榮心，聲稱能為我們提供絕佳的顧客體驗。

對高收入者來說，他們會覺得生活比以前更好了，但也變得更忙碌，訊息超載的現象也更嚴重。這些現象其實是一體兩面，只是常被大家所忽略。當所得落差和貧富不均愈來愈明顯，那些不屬於金字塔頂層的人，都得忙著爭搶頂層人士的目光。

這並不是說，我們要向金字塔頂層去行銷什麼奢靡卻沒營養的東西。對頂層一%底下的一九%來說，他們的財富本來就不是全靠爭取那樣的關注而來的。我這裡要強調的重點是：**在未來的職場裡，爭取更多關注會是非常重要的關鍵，而且需要花更多心思、做得更細膩。**

買下整家公司，為的是要網羅人才……

當然，還有其他工作在未來同樣重要。美國收入最高的一%人口，主要來自紐約市，其中又以郵遞區號「一〇〇二三」的上西城區，是富豪密度最高的地方。除此之外，鄰近金融中心的紐約斯卡斯代爾（Scarsdale）、加州的高科技重鎮庫比蒂諾（Cupertino），以及華盛頓特區附近的波多馬克（Potomac）和貝塞斯達（Bethesda）也是富豪聚集區。由此可見，很多頂層的高收入者是來自網路公司和金融業，也有不少是來自政府和法律圈。

除了祖克柏、比爾．蓋茲之外，金融活動也是最有錢階級的致富管道。舉一個比較極端的例子來說吧，二〇〇七年美國前二十五大避險基金獲利者的收入，就比所有標準普爾（S&P）五〇〇企業執行長的收入總和還要多。而現代金融業的核心，正是電腦、程式交易、套利、超速通訊，以及電腦化風險評估。

但也不要因此就只把焦點放在電腦上，因為管理也很重要。執行長和高階管理者之所以能領取高薪，部分原因是他們懂得如何領導員工，運用電腦智慧。也就是說，如果你擅長發掘、招募、指揮熟悉電腦的人才，即使你自己不擅長使用電腦，還是可以在現代致富。看看一九七九年到二〇〇五年金字塔頂端一〇%的財富成長分布，你會發現，其中有高達七成都流向高階管理者、主管、金融專業人士的口袋裡。

另一個發展是：隨著我們更懂得利用電腦來分析績效，工作也會愈來愈難混。這也就是為什麼我會——有點心酸——說：「這真是個實力至上的時代。」未來的企業及主管，將可以用更嚴格的標準，來衡量我們在工作上的表現。

我所謂的實力至上時代，不見得是良好、公正的經濟運作方式。它會變得更有生產力，也可能為我們帶來較高的收入、較好的健康及更好的養家能力。問題是，有生產力的人，就一定比較快樂嗎？這種人會比較有創意、擅長反思嗎？能帶給別人更多歡樂嗎？難道不管我們適不適合，都得盡量提高生產力不可嗎？

我並不是要從什麼道德觀點來化解這些爭論，我只是想問：當我們往前邁進時，生產力高的人在就業市場上到底過得好不好？

同樣的道理，也適用於我多次提到的「聰明」、「智慧」、「認真」、「有才幹」等特質上。沒錯，整體來說，這些特質都是好的，但我們不必老是把這些特質看得比其他人性特質還重要。

總之，現在二十二歲英語系大學生，就算是從名校畢業，以後想過中上階層的生活，已經找不到明確的道路了。但與此同時，臉書、Google、Zynga 則是求才若渴，甚至不惜為了網羅人才，買下整家公司。他們買下公司，往往不是為了取得產品，而是想要獲得人才，直接買下公司比複製對方的人才招募，或吸引對方的最佳員工跳槽還要簡單，也比較便宜。通常買下公司以後，他們就會放棄裡面的產品線。最近有份報告，就說明了這類併購案的運作方式：「臉書的企業開發副總裁沃恩．史密斯（Vaughan Smith）指出：『工程師的價值約是五十萬至一百萬美元。』過去四年，臉書進行了約二十起這種人才併購案，史密斯幫忙協商了其中的多起案子。」科技部落格稱這種併購為「收購式招聘」（acqhired），在低迷的就業市場中，這種收購式招聘反而有愈來愈多的趨勢。對於擅長運用智慧型電腦的人才來說，他們的就業市場一點也不低迷。

撇開那些超級成功人士和億萬富豪不談，一般上班族的工作也呈現類似的趨勢。二〇一一年秋季的研究顯示，在為期一年的市場觀察中，**以下幾種類型的工作有增加的趨勢：網購類（成長一一%），網路出版、傳播、入口網站搜尋（成長二〇%）、電腦系統設計、程式設計與相關工作（成長五%）。數理科技領域的專業人士，是美國就業成長第二快的族群——這是職場對技術有強烈需求的另一個例子。**

未來的管理人才：生產流程愈重要，薪水愈高

無論你是在 Google 上班，還是為麥當勞工作，一般員工大都會問：為什麼經理人的薪水，比下面的人多那麼多？想了解為什麼新的職場世界對經理人那麼好，我們來看一下我的個人觀點。

身為教授，我每年都可以分配到一個研究助理的配額。過去二十年來，我從優秀的員工、學生、同仁身上，獲得相當寶貴的協助。每年我大概都會收到一封電子郵件，說他願意免費當我的研究助理。通常這類信件會附上履歷表，履歷看起來都很優秀，而且電郵內容都寫得很好、很得體。

但我通常都婉拒他們。不是我覺得這些人不好，而是我覺得有一個研究助理已經夠了——尤其是有個「稱職的助理」對我來說就夠了。我在意的，是這個人是否認真盡責。

教授與研究助理的合作，基本上是一種團隊關係。對我來說，主要的問題在於我沒有時間再去打造另一個團隊，即使我不需要支付半毛錢。我沒有時間再和另一個人合作，或是管理另一個人。把這個道理套用在一般企業裡，情況就是：除非公司增加一位優秀的經理人，

否則就無法再增添一位助理。換言之，經理人才是稀有的資源，這也是為什麼經理人的薪水會上漲那麼多。經理人在協調複雜、大規模的生產流程中，將扮演日益重要的角色。

智慧型電腦的革命，使現代的職場變得更注重團隊合作。電腦、機器人、網路讓我們串連起龐大的團隊，有時甚至是串連分散在世界各地的協同合作者。蘋果生產 iPad 時，是以一種近乎奇蹟的經濟合作方式，串起了一個生產網絡，裡頭包括加州庫比蒂諾的設計師、東芝（Toshiba）的硬碟（在菲律賓和中國生產）、台灣的電腦晶片、中國的組裝，以及全美各地的行銷和零售專業。

團隊合作是把大型專案拆分成幾個需要不同技術的部分，以創造出更好的結果。從幾千年前柏拉圖和色諾芬（Xenophon）開始談論團隊合作開始，就是成功經濟的關鍵要素。不過，後來的情況有點變了。一七七六年亞當・斯密（Adam Smith）寫道：「分工的程度受限於市場範圍。」但後來市場擴大了許多，分工變得愈來愈細，技巧也日益專精，只要有一個人搞砸了，就有可能破壞龐大又重要的生產鏈。在缺乏稱職的監督者下，即使工資再怎麼低廉，雇用一個有風險又不可靠的勞工根本不值得，所以很多勞工難以獲選加入生產團隊。

公司之所以雇用經理人，就是希望他把流程變得更有效率，而這個流程長久以來也變得更重要，所以經理人的薪資愈來愈高。

未來的專業勞動者：私人教練、司機、保母、木匠……

許多服務業，例如精密製造、醫療保健、教育部門、政府官僚、創意產業等等，愈來愈不需要更多純靠體力的勞動力。就連軍方也比較需要懂得操控先進科技的人力，而不是只會持槍瞄準射擊或拿刺刀衝刺的軍力。一個素質不好的軍人或工程師，可能毀了其他許多人的努力。或者，只要有人把機器人的程式設定錯了，就可能產生各種問題。面對複雜的任務，當事者必須知道自己在做什麼，必須想要學習，也必須想要和其他的同事合作。這意味著：職場的士氣和執行的一致性，愈來愈重要。

愈來愈多的團隊工作，也讓「**盡責**」變成勞動者更重要的特質。管理者都需要可靠的勞工，如果你有一個五人團隊，只要其中有個成員不可靠，就會破壞其他四人的工作。如果你有二十五人的團隊，只要有個成員不可靠，就會抹煞其他二十四人的努力成果。管理者會遠離可能有破壞性的勞力，也會花很多心思打造與維繫團隊。

重點不在於糟糕的勞工太懶，或是因為能力太差而壞事，而是其他人可能會被感染劣質勞工的不良習性。職場上到處都有麻煩製造者，常搞得大家針鋒相對，吵得不可開交。現代的雇主都希望遠離這種麻煩人物，或是安排這種人單獨遠距工作，例如在兩個倉庫之間開卡車運貨，而不是站在茶水間閒聊。

當職場上愈來愈重視「盡責」這項特質時，也讓女性在職場及大學的表現比男性優異。我女兒最近大學畢業，畢業典禮上領獎的各系所優異學生幾乎清一色是女生，連數理科系也如此。

個性心理學及個人體驗很早就確認一個事實：平均而言，女性比男性更有責任感。她們比較可能在毫無怨言下依循指示和命令，所以在新的職場世界裡，女性可能獲得更好的工作和更高的薪資，男性則不見得。

很多證據也顯示，女性對職場上的直接競爭比較不感興趣，她們比較可能團隊合作及主動找團隊裡的工作來做。你可以把男性想成是職場上「變異數較高」的員工，所以有些男性比較可能是最高收入者，也對任務最為投入，甚至到了偏執的境界。這也許就是為什麼，在職場的頂層，男性擔任執行長、名廚、頂尖棋手的比例特別高。其他的男性（人數更多）則比較不負責任，比較可能醉醺醺地上班，或是坐牢，或是失業。

此外，當供應鏈的秩序、連貫性和可靠性變得更重要時，你會挑什麼樣的人來坐中階的位子？我們已經看到，只要遇到經濟蕭條，年輕男性都是就業市場受創最深的族群。例如二〇一二年，二十至二十四歲男性的平均失業率是一四．一六％。

「盡責」特質在兩大產業裡格外重要：醫療保健和個人服務。照護從業人員多半不是醫生，很多也不是天才，但是這些工作人員在必要時都能把手洗乾淨，都能在病歷表上寫下正確的資訊，都能精確地記下檢驗數據，這才叫盡責。由於人口日益老化，醫療保健工作將會持續增加，在這些工作領域及相關教育中，女性的比例特別高，自然並非偶然。

在製造產業與其他領域中，當智慧型電腦開始取代人力時，會有更多人轉做私人教練、隨從、家教、司機、保母、室內設計師、木匠，以及其他直接的個人服務，這些都是客人（通常是家庭或個人）想要委託他人來做的工作。例如「幫我去學校接小孩放學」、「幫我修電線」、「六點來幫我上課」。這些工作需要一些應用技巧，但不需要到世界一流的程度。這種雇傭關係講究的是盡責，亦即受雇者能否以絕對的責任感和基本的能力來完成客人的簡單要求。如果你要雇用的是管家，那個人必須值得信賴才行。

畢卡索去 Google 應徵，會被錄用嗎？

如果你是年輕氣盛的男性，無法依循他人的指令辦事，對於任何事情該怎麼做都有自己的主見，未來你在職場上可能更難找到工作。未來的職場，不太有「無故反叛」或甚至「有故反叛」的空間，這也難怪一九九〇年代以來，十幾歲青年的就業率持續下滑，遠比最近的經濟衰退發生得更早。

現代科技業職場，有以下幾個重要的特質：

1. 精確地執行任務，比大量純靠體力的勞動力更重要。
2. 長期一致的協調，是一種重要優勢。
3. 士氣對於激勵生產和合作極為重要。

最近的研究也證實了這些特質。經濟學家提摩西．布雷斯納漢（Timothy F. Bresnahan）、布林約爾松、洛林．希特（Lorin M. Hitt）對經理人做了廣泛的問卷調查，並搭配後續的採訪。他們發現，經理人覺得當職場使用電腦以後，也增加了對技術員工的需求。但電腦也增加了員工的自主權，因此管理者更需要監督這些員工。這些因素，都讓企業愈來愈需要聰明、訓練有素、盡責的員工。

為了養家活口而獨自埋頭苦幹的時代已經結束了。想想一九三〇年代的公共工程專案，例如鋪路之類的，多一個健康的工人，總是可以為整個專案增添一些純靠體力的勞動力，例如把磚頭從一個施工地點搬運到另一個施工地點。工人不需要多精明，他們只需要一點點訓練就夠了。雖然盡責也很重要，但是要監督與解決問題也比較簡單，因為工人就只有搬磚或不搬磚這兩種情況。

我覺得我們可以回顧歷史上那種「貧富差距很大、許多人沒足夠訓練做高薪工作」的年代。我看到記者亨利・梅休（Henry Mayhew）在那個年代的文章，他對十九世紀中葉的倫敦就業市場做了以下描述，令我相當驚訝：

> 街頭上的男孩女孩販賣的東西，包括錢包、火柴盒、皮帶、腰帶、柴火……蒼蠅紙、各色水果，尤其是堅果、柳橙和蘋果，還有洋蔥、蘿蔔、西洋菜、鮮花和薰衣草（大都是

由女孩販賣）、野薔薇、天然橡膠、吊襪帶，以及其他同樣材質製造的小東西，包括用來捲起樂譜的橡皮圈、小玩具、蛋糕、鋼筆、有玻璃把手的筆筒、展示用的獎牌和卡片、透明塑膠卡、玻璃和其他廉價的印鑑、黃銅的錶蓋、項鍊和戒指、小錫器、肉荳蔻研磨器（以及其他長相類似的物品）、鐵製串肉叉、火柴、襯衫鈕扣、靴子和鞋帶、別針（以及比較罕見的針）、棉線軸、聖誕節用品（冬青之類的常青植物）、五月開花的草木、外套的袖扣、童玩陶器、黑莓、千里光、浮萍、衣服掛鉤。

在那個髒亂的街道上，吸引客人目光對小販來說是最重要的，他們頂多只有原始的行銷技巧，但他們擺攤的成本都低得驚人，不用租金，沒什麼廣告，頂多就是站在街角喊叫而已。他們沒有人力資源部，沒有訴訟風險。這種小販生意的收入微薄，一看就是沒什麼前景的工作，但是相較於如今的就業狀況，卻是很有趣的對比。

拿Google的辦公室來做比較好了，Google的員工享有健保、廣泛的培訓、許多的時間和關注、裝潢迷人的辦公室，還有一個擺滿有趣玩具的遊戲空間。公司餐廳的伙食好極了，有印度咖哩、香料調味、美味素食等多種選擇，對公司來說，這些福利都是要額外多花的成本。

但不是每個人都能擠進這家公司，因為 Google 很在乎成員的素質。想要進 Google 上班，都需要通過困難的面試流程。以下是三個曾經拿來考 Google 應徵者的面試問題：

「時鐘的時針和分針一天重疊幾次？」

「你要算出從一百層的大樓丟蛋，最高從哪一樓丟不會破。問題是在只准丟破兩顆蛋的狀況下，你需要丟幾次才知道是哪一層樓？」

「在二十分鐘內，一輛車子穿過某個十字路口的機率是〇．九，那麼五分鐘內，一輛車子穿過那個十字路口的機率是多少？」

很容易嗎？威廉．龐士東（William Poundstone）寫了一本書，書名是《如何秤出你的頭有多重？》（*Are You Smart Enough to Work at Google?*，書名原意是「想進 Google 工作，你夠聰明嗎？」），只要讀那本書幾分鐘，多數的讀者都可以清楚知道答案，即使書名裡的「聰明」兩字用得不算精確。畢加索是個天才無誤，但我懷疑他能在 Google 山景城的總部找到工作。

這跟十九世紀中葉的倫敦街頭，可說是天壤之別，因為遠在那個年代，任何小孩都可以到市場上碰碰運氣，賣透明塑膠卡。

如果你是企業老闆，你會想結合這兩種就業模式嗎？比如說，Google可以留下目前的全職員工，但是把大樓裡的某區圍起來，讓任何人都可以進來賣任何東西。你可以看到想要創業的人，在裡頭向 Google 員工兜售新點子，或是販售墨西哥玉米餅。總之，讓公司大樓裡的某一層樓，專門用來做這些自由的商業活動。

Google 之所以不這樣混合就業模式，是因為它還是想掌控 Google 大旗下所發生的一切活動。混合就業模式會在公司裡帶來太多令人分心的活動，模糊了 Google 的營運宗旨，也會讓 Google 較難堅持本業，混合下去遲早會惹上官司。

中產階級大滅絕？安啦……

在許多成長型的企業裡，平均花在每位員工的成本正節節攀升。當福利成本增加了，企業會更在乎員工的士氣以及整體聲譽——畢竟，員工代表公司的對外形象。而當員工比以前更有可能傷害企業，則會讓企業在招募員工時更加挑剔。破壞比建造容易，公司的價值愈高、愈講究精確，就愈擔心員工可能破壞公司的價值。

談到管理，我們常會聽到「團隊合作」、「士氣」、「誠信」等概念。這些概念都很好，但如果我們在這些概念前面，加上「比別人更重視」，會變成什麼樣子呢？還是同樣的管理策略，卻可以讓我們看見不同的真相。之所以有高昂的士氣，就是因為「比別人更重視高昂士氣」，之所以有誠信，正是因為「比別人更重視誠信」。換言之，愈是看起來友善、親切、甚至令人感到溫馨的管理風格，很可能愈是挑剔、高傲與菁英主義的象徵。

現在，很多工作變得愈來愈像Google，你必須成為某種菁英，否則擠不進去。另外有一種比較低階的工作，則是愈來愈像梅休筆下一八五〇年的倫敦街頭（只是薪水比那個年代高一些）。而當有很多人必須從一種就業模式，轉移到另一種就業模式時，我們所目睹的就是眼前所謂的「結構性失業」，因為不是每個人都適合到Google工作。

這種情況已經蔓延到職場的許多角落。例如，現在消防隊長普遍都有碩士學位。這也許聽起來很怪，你可能納悶：碩士學位跟滅火有什麼關係？答案是：消防隊員需要接受緊急醫療服務、反恐行動、火災科學（例如撲滅工業大火）之類的訓練。當一位消防隊員升任領導者時，往往也需要公開演講、和社群互動、撰寫補助金提案。當然，有了碩士學位不保證就擁有這些技能，但當你知道一位消防員要肩負這麼多責任，就會明白要求碩士學位似乎就沒那麼誇張了。

事實上，現在有很多工作雖然不見得要求碩士學位，但往往需要學士學位。這些工作包括牙科診所的技師、化學設備的操作員、醫療設備的準備員、採購專員等等。

我們已經看到「勞力市場兩極化」的現象（這是麻省理工學院的經濟學家大衛・奧特〔David Autor〕所提出的）。勞力市場兩極化，是指勞工日益分成兩大陣營，一邊在就業市場上很吃香，另一邊則是處處碰壁。二〇一三年，美國其實還沒到中產階級消失的地步，我也會奉勸各位不要輕信「中產階級已經大滅絕」的誇大說法。但是展望未來，有個趨勢很明顯：中間階層將會逐漸凋零，而且這個趨勢看起來會持續很久。

在這一波經濟不景氣期間，消失的工作裡，有高達六〇%是所謂的「中薪」職業。那麼不景氣結束後，就業市場回補的工作又是什麼呢？其中，有七三%是低薪工作，亦即時薪一三・五二美元或更少的工作。但是，一九九九年到二〇〇七年間，也可以看到這種「低薪工作快速增加」的趨勢，所以我們不能把這樣的現象都怪到金融危機或某些特定問題上。

即使不景氣結束了，我們還是看到一般勞工的薪資持續下滑。從二〇〇九年六月（不景氣正式結束）到二〇一一年六月，通膨調整後的家庭年收入中位數下跌了六．七％，比不景氣期間下跌得更快（三．二％）。二〇一一年的年收入中位數比二〇〇七年少了八％以上，事實上，家庭年收入的中位數是在一九九九年達到頂峰。這些數字仍有探討空間，但由此不難發現：所得的高低，確實受到長期結構性力量的影響。很多工作不像以前那麼有價值了，消失的工作數量也遠多於回補的高薪工作。

在奇異（General Electric）或開拓重工（Caterpillar）之類的公司，我們還是很常看到他們在招募新人，新人的工作內容也和以前的舊工作差不多。但是，平均來說這些新員工的收入每小時少了十或十五美元。資料也顯示，勞動所得占國家總產出的比例，正在持續下降。一九九〇年，美國的國民所得中，六三％是勞動所得，但是到了二〇一一年中，比例已經降為五八％。多數已開發國家（包括德國、法國、日本等）都有類似的趨勢。但這裡要注意的是，技術勞工在國民所得中占的比例，其實不降反升，在以英語為主要語言的國家中，約上升了五％。

下頁圖顯示美國的趨勢：

勞動所得占國民總所得的比例

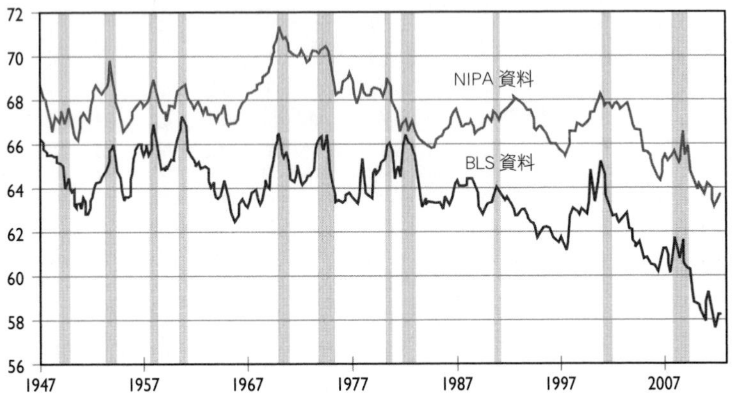

資料來源：美國勞工部勞動統計局（BLS），國民所得生產帳（NIPA）
© 克里夫蘭聯邦儲備銀行（本圖由丹尼爾・賴金〔Daniel Lagin〕重繪）

如果說，有哪一張圖可以總結當代經濟的困境，那就是這張了。

當然，勞動收入裡還有很多細節需要討論，但長期的趨勢很明顯：中等技能的白領工作（文書、行政、業務等等）將會減少。低薪、低技能的工作需求會增加，高薪、高技能的工作需求（包括科技和管理職）也會增加，但是介於這兩者之間的工作，薪資不會增加。

不光是美國如此而已，歐洲主要的已開發國家也有類似的現象。在歐洲十六個主要國家中，從一九九三到二〇〇六年期間，中薪工作在就業市場中的比例持續下滑。在十六國中，有十三國的高薪工作在就業市場中的比例上升。在十六國中，低薪工作在就業市場中的比例都上升了。所以，好工作增加了沒錯，但低薪又辛苦的爛工作也增加了。

至於高薪好工作的型態，其實也很明確。如果看美國最近十年的資料，並按教育程度來分類，你會看到只有一群人享有較高的薪資：有碩博士學位的人。如果你有博士學位，平均薪資上漲了五％多一點。如果你有醫學、法學或工商管理碩士的學位，平均薪資上漲近五％。就連擁有一般碩士學位的人，薪資平均都下跌約七％。擁有學士學位的人，薪資平均下跌約八％。念過大學但沒拿到學位的人，薪資平均下降一〇％。由此可見，較高的薪資大都由少數的高級知識分子享有。而這種人，約只占全美人口的三％左右。

高薪很好，但不要過度美化

想像一下，一個精明的年輕人獲得良好的教育後，正決定要走哪一行。為什麼最後會有那麼多年輕人選擇進入金融業、法律業、顧問業？

這主要是因為，一般認為名校畢業又精明的年輕人即使沒什麼實務經驗，比較容易在這些領域找到工作。他們的起薪比美國家庭的年收入中位數還高，而且很多人工作不久之後，年薪就突破六位數。在金融業裡，他們可能工作幾年後就可以領數百萬美元的獎金（至少景氣好的時候是如此）。

但其實人們也普遍認為，這些年輕人沒資格領那麼高的薪水，套用我父親的說法（我父親是傳統生意人）：「我連糖果店都不敢交給他們負責。」如果你把這些在顧問公司上班的年輕人放到工廠裡工作，他們可能會不知所措，確實就像一群不切實際的傢伙。

然而，金融、法律、顧問業的就業機會增加，是很合理的。想想看，如今的法律比我父親那個年代還要繁多複雜，我們對律師的需求當然會增加（至少市場的頂層是如此）。另外，經濟全球化也意味著供應鏈變長，這一來，企業就得靠更多管理顧問，來幫助企業追蹤與評估這些複雜的營運。至於金融業的就業機會增加，有部分原因在於政府的紓困政策，讓銀行把規模變得更大，承擔更多的風險。

不過，我希望把這些論點擱在一邊，先解釋一下這些聰明歸聰明、但也沒那麼特別的年輕人，為什麼會在這些行業裡找到許多好機會？

一般來說，由於專業化和知識成長的緣故，現在的年輕人要有一番成就，年齡結構正逐步上揚。以前的數學家，可以在二十歲就證明出數學定理，但現在，會發生在三十幾歲，因為多了許多東西需要學習。如果你很有才華，二十二歲從哈佛大學畢業，你可能無法直接到一家家具工廠，然後很短時間內設計出一台更好用的機器。

年輕人之所以在網際網路和社群網路的領域上有一些基本貢獻，正是因為這些行業尚未成熟。拿祖克柏來說，社群網路的發展才沒幾年，他不需要先熟悉數十年的社群網路發展，頂多去研究一下以前 MySpace 如何運作，他的創業，幾乎跟從頭開始一門產業沒什麼兩樣。在這樣的產情況下，年輕人通常主導了產業的發展。

現在假設有一個典型的年輕人，剛從哈佛大學的經濟系畢業，這位年輕人與她的父母都期待著她第一份工作就能賺取高薪，並和其他高學歷的聰明人往來，甚至未來就嫁給這樣的人。對她來說，搬到俄亥俄州的代頓市（Dayton），花四年研究怎麼製造茶几，是不可能達成這種期望的。

這些剛畢業的社會新鮮人，會去找重視高「g因素」（一般智力因素，general intelligence factor）的工作，也就是金融、法律和顧問業。他們在這幾個領域裡，可以很快上手，並和其他聰明人打好關係，同時也向未來的就業機會證明他們很精明。因為，展現一般智力本來就是他們最擅長的事。

以顧問業為例，你找一個聰明但沒什麼經驗、也不太專精的二十二歲年輕人來問：「你可以幫我準備一份有效的 PowerPoint 簡報嗎？」或「你可以幫我研究一下這個新的會計實務或新的國會法案嗎？」或甚至「這個商業計畫有什麼錯誤？」你可能都會得到不錯的回答，所以對公司來說，他們對這種一般智力是有需求的。假以時日，這些聰明的年輕人會變成公司裡的領導者或合夥人，過程中他們會學到經驗，應用一般智力來解決具體的商業問題。

我們通常會美化高薪的工作，如果我們可以先擱下那些幻想和豔羨，就可能會注意到：社會其實搞不清楚這些人到底還有什麼其他價值？

幸好（對他們來說），這個社會真的需要他們。當世界的其他部分愈擅長生產時，一般智力能創造的價值就愈多。他們可以用告誡的口吻，拋出一些很簡單的問題：「嘿，想想你做的事情，你確定這樣做沒錯嗎？改成這樣如何？你確定那是對待員工的最好方法嗎？」「你真的了解全球市場的動態嗎？來看一下我的 PowerPoint 簡報吧。」

這些話聽在外人耳裡，似乎毫無意義，講難聽點根本在鬼扯，但通常他們自己不會這樣認為。他們會認為自己雖然沒受過什麼專業訓練，卻能對特定工廠的日常運作（例如如何掌控一家生產家具的工廠）突然變得很專精。有時候，他們全憑一般智力提出的問題，也可能創造出很高的預期報酬。

就業市場的狀況不好，也不見得都很公平，但是長期而言，累積智慧將會獲得回報。在數理科技、金融、管理、行銷等領域的適切技能也會獲得回報，這些技能都融合了多元智慧的優勢，無論那些智慧是不是人類智慧。

第3章

「微工作」崛起

哪些人能保住工作？

我們也許可以接受「電腦不會讓所有人失業」的說法，也覺得「智慧型電腦的崛起將讓很多人大幅受惠」，但是，智慧型電腦將讓某些人失業，則是無庸置疑的。

以經濟學家所謂的「勞動參與率」為例，那是指不含年幼和年長者的人口中，真正有工作者的比率。

你可以從下頁圖中看到，那個比率已經下降一段時間了。人力突然間看起來沒那麼必要了，對吧？勞動參與率受到很多因素的影響，包括商業週期、儲蓄、福利有無、生命週期、性別因素。不過，這裡我們把焦點放在智慧型電腦在未來幾十年可能帶來的重大改變。為此，我們來看看電腦時代裡一個小產業的發展。

國民勞動參與率

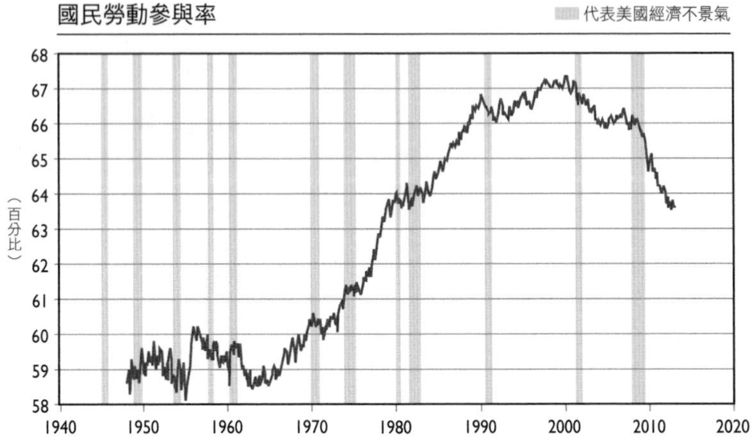

資料來源：美國勞工部勞動統計局
© 聖路易聯邦儲備銀行（由丹尼爾·賴金重繪）

我還記得，一九七〇年代電腦西洋棋剛發展的情況。那時我年紀還小，也參與了比賽。當年有一種很笨重的電腦叫「貝爾」（Belle），看起來就像個超大型的計算機，偶爾會有人拖著它參與各地的比賽。如果大會說你下一盤棋是和電腦對弈，你有權拒絕，畢竟西洋棋大賽是讓人類比賽下棋的。不過，多數選手都很樂意和電腦對弈，因為他們通常都可以贏過電腦，可能也是因為他們也對電腦感到好奇。貝爾需要搬運工把它搬上桌面，還要有人啟動開關，並輸入棋子的移動。電腦偶爾會出現技術問題，輸出完全看不懂的東西，或是乾脆停止運轉。這時需要有人出來修理它，否則它就只能放棄比賽了。那時候，電腦對優秀的棋手來說沒多大幫助。

到了一九九〇年代，ＩＢＭ開發出可以擊敗世界棋王的電腦。ＩＢＭ雇用了許多程式設計師、硬體專家，當然還有一些頂尖的棋手，例如西洋棋大師喬爾・班杰明（Joel Benjamin），他們的做法可以說是「直接砍掉重練」。終極目標是發明一台可以擊敗任何人的電腦。但是這樣一來，幾乎在沒人注意下，比賽的性質也變了——變成了頂尖對決。

到了一九九〇年代後期，電腦程式和頂尖大師攜手合作了，棋手可以在下棋時諮詢程式，於是「自由棋」（Freestyle chess）誕生了。人機合作的自由棋比賽是指西洋棋大師帶著電腦一起下棋，由大師負責思考長遠的下棋對策。電腦程式在棋局的策略思考上仍有落差，所以大師負責補充或指引電腦的策略思考，但依賴電腦思考精確的短期計策。

隨著電腦程式的進步，自由棋在二〇〇四到〇七年開始對熟悉電腦程式運作的棋手相當有利，他們本身不需要是優秀的棋手（通常他們的棋藝也確實不怎麼樣），不過他們可以迅速處理資訊，找出哪些棋步需要用最強大的程式深入研究。

如今，頂尖的自由棋玩家擔心，次世代或甚至這一代的程式（例如Rybka Cluster）就可以打敗頂尖的自由棋團隊或戰成和局。程式在沒人指引下，可能不是很容易精進它的績效。

如果程式已近乎完美，由人類組成的搭擋，還能幫它增添多少智慧？

電腦很強大，但人類還不需要自己嚇自己

這種逐步的進化，正是智慧型技術改變許多產業的形式。

剛開始，電腦幾乎沒有多大的助益，投資就只是為了打造更好的電腦而已。第二步，需要專家和電腦合作，以彌補電腦的不足。隨著程式的進步，第三步是人類很了解程式，但是對相關產業只有一點專業（不過也算是專家了）。這些人基本上是資訊處理者，他們了解的是背景情境。第四步也是最後一步，電腦已經不太需要人類，因為程式本身已經很強了。這種情況發生時，之前和電腦合作的人就要到其他地方找尋新的工作——例如到還未善用智慧型電腦分析的產業。

要注意的是，我以上的描述和「電腦會取代所有人」的誇張說法，其實並不相同。在當代經濟的多數領域中，人工智慧和相關概念還不成熟，還不到無需人類的地步。此外，目前為止的進步，大都不是來自於把電腦變得更像人腦，而是電腦仍然只是人類的輔助。

在西洋棋方面，電腦程式表現得特別好，因為西洋棋是一個完全規範化的環境，至少在原則上，正確答案可以由單純的演算確定。很多棋步的運算都是在目前硬體的能力範圍內，甚至用個人電腦或 iPhone 就能運算。相對於需要判斷商業週期或衡量個人性格的企業，西洋棋簡單多了。

西洋棋的程式不必考慮對手的心理或可能反應，就能算出「最佳棋步」。在這方面，西洋棋不像撲克牌那麼偏重牌技和心理戰術。相反的，在撲克牌界，最優秀的玩家仍是人類，因為電腦不懂得打心理戰術、虛張聲勢，或解讀對面夥伴的暗示。當遊戲愈需要推斷對手的思維時，智慧型電腦就愈需要人類協助，人類的確有電腦無法媲美的才能。

將來，智慧型電腦絕對不會一次取代整個經濟，但它們會慢慢地顛覆我們的經濟。隨著每個產業陸續使用新的智慧型技術，人機團隊的概念將會徹底改變，變得極其多元。

如今很多人機合作的工作，並不會比在紐澤西花園州收費公路（New Jersey Garden State Parkway）的收票站工作困難，這裡的票務工作也是由人和電腦一起運作的。即使收票站是由電腦獨自營運，偶爾出現誤解、駕駛者操作電腦不當、駕駛者的錢不夠，或發生電腦故障時，還是需要人類出面解決。

不過，有些工作需要再更久一點，才會併入新的智慧型技術，例如自動ＤＪ目前還不太行。「丹妮斯」是聖安東尼奧的電腦ＤＪ，要價兩百美元，需要一些程式設定的時間。她會講笑話，會播報氣象，會上網搜尋，但是她還是需要人類設計的腳本。沒錯，她只是一套程式，還需要人類下指令，她才會上網搜尋。二〇一二年，這種ＤＪ還不流行，有人形容丹妮斯的聲音「有點像機器人」。如果自動ＤＪ的概念開始流行起來，像丹妮斯那樣的ＤＪ仍需要人類從旁協助很多，不過那些人可能不需要是技術專家或多優秀的表演者了。那也算是一種工作，但不是做ＤＪ，因為程式已經取代了傳統ＤＪ的一些功能。那些新增的工作需要了解一些ＤＪ的功能，也需要了解一些電腦的功能。這樣的工作，不是技術天才、不用程式設計師，都能勝任愉快。

高失業率仍將是美國經濟的一大特色。二〇一一年在經濟危機結束後，失業率仍超過九%，二〇一二年降到比八%少一點點，但是實際狀況並不像表面的趨勢那麼好。失業率的計算，是以那些積極找工作的族群為對象的，而二〇一一到一二年的失業率降幅中，有一半是因為許多美國人乾脆放棄找工作了。如果我們在失業率的定義中調整這個錯誤，目前的「真實」失業率其實仍超過一〇%。

官方公布的失業率可能會持續下降，但是降幅一直很慢，還是有很多人處於失業之中。不到十年前，就業市場的狀況非常不同，那時的失業率才四％。我們頂多只做到了創造的新工作跟上了勞動人口的成長，很多只能找到兼職工作的人是想找全職的工作，很多人只能做沒什麼升遷機會的工作。我們的勞動人口中，有不小的比例是處於「高成低就、大材小用」的情況。經濟學家認為這是非常糟糕的就業市場，他們普遍預期「充分就業」的狀況已不太可能很快恢復。

二〇〇八年的金融危機，以及後續所引發的經濟不景氣已經結束了，但是更深層的結構性問題到現在才顯露出來。例如金融危機衍生的短期就業市場問題，但那不只是短期問題而已，我們的人口正在增加，但是就業人口持續減少，這個趨勢早在經濟不景氣以前就開始了。

人口成長了，就業機會卻變少了，怎辦？

如今，工作究竟有多大的意義？

最適合觀察的數據，是勞動參與率。二〇一二年的數據顯示，約六三％的勞動力在找工作。但那不表示這些人都有工作，勞力市場中有工作的人約五八%。從一九八〇年代初期以來，那個數字從來沒那麼低過。（那時數字很低，是因為較少女性想要工作或有機會工作。）

勞動參與率的數字告訴我們，基於某些因素，四〇%以上非老年的美國成人覺得不值得去工作。因為，他們找不到適合自己的工作。

如果我們只看二十五到六十四歲的男性呢？在一九五〇和六〇年代，這個族群中約九%沒工作。如今，這個族群中有一八%以上沒工作。再來做個比較，在一九八〇年代初期經濟不景氣的時候，這個族群中約有一五%沒工作，還是比現在的狀況好。成年男性正以驚人的數量從職場中退出（或是被踢出來）。這些人之中，鮮少有人是有錢有閒的富家子弟，這也難怪如今的流行文化會出現「宅男」這種形象（住在家裡的年輕男子，只知道打電動玩具，覺得工作可有可無，對追求年輕女性也不太感興趣）。**就業參與率下降，大都是因為這些年輕男子放棄工作，而不是因為男人提早退休**。

事實上，很多年長者反而重返勞力市場了，而且大都是為了餬口。所以，年長者比以前更投入職場，年輕人反而減少工作，大家已經逐漸習慣「找不到薪水令自己滿意的工作」的狀態。

身障人士的數字，也證實了整體勞力市場的狀態堪憂。十年前，有五百萬美國人領取聯邦政府的身障補助，如今數字增為八百二十萬人，每年的支出是一千一百五十億美元（亦即每個美國家庭要負擔一千五百美元以上）。然而，美國的職場從死亡率和事故發生率來看，一直都很安全。這裡的重點，並不是要說這些人懶得求職，或是質疑他們是否真的有殘疾。不論你如何解讀每個人的情況，他們整體都覺得，現代的職場相較於領取身障補助，並不是很有吸引力的選項。勞工在失業後最有可能申請身障補助，並非偶然。

這些勞力問題，已經不再是一般的經濟問題，我們的工作，已經出了很大的麻煩。過去十年，美國經濟的產出是呈現正成長，人口增加了，但工作數量卻減少了，前面我提過，年收入的中位數也下滑了。顯然，就業市場出現了結構性的大變動。

男性薪資的狀況，比家戶年收入的中位數還慘。我們都知道，如今美國勞力市場中的女性學歷提升、抱負更大，面臨的歧視也較少了，這些社會進步使女性的經濟狀況獲得不錯的改善。**但是從一九六九到二〇〇九年，一般或中間男性的薪資卻下滑了約二八%**。我看過有些人反駁這個數字，但是結果還是一樣尷尬。例如，布魯金斯學會（Brookings Institution）的研究員史考特・溫希普（Scott Winship）主張，一九六九年以來，男性薪資「只」下滑九%，就算是那樣好了，數字還是很難看。

想像一下，假設你是一九六九年的經濟學家，有人要你預測未來四十年的美國男性薪資。你得到的假設條件是未來四十年不會有行星撞地球，也不會發生核子大戰，一九六〇年代的暴動會平息，不會讓美國陷入紛亂，共產主義也不會成為主要威脅，世界上多數國家都會排斥社會主義。在這些條件下，誰又能料到，一般男性的薪資竟然會下跌？

這是個驚人的事實。

多數經濟學家在解釋失業時，會引用凱因斯學派、新貨幣學派、「總合需求」理論，主張經濟裡的開支還不夠。根據他們的說法，在房市泡沫破滅後，資產價格下滑，債務增加，人們對未來更不確定，於是多數人減少開支，這導致銷售額減少、產出減少，最後也使得就業機會減少。

這種說法很合理，尤其是套用在二〇〇八到二〇〇九年，但還是無法解釋長期的趨勢。對於任何開支的減少，經濟可以積極因應或消極因應。我們的勞力市場是採取消極因應的方式，而這種消極因應是因為很多人都覺得勞力市場變糟了。在不拋棄短期對開支的假設下，我們需要更深入、更根本的理由來說明，為什麼勞力市場會以如此糟糕的方式來因應開支的下滑。除了開支下滑，還有哪些因素決定了哪些人獲得工作及保有工作？

大蕭條時代：就算你自願減薪，我也不要你

我們來看二〇〇八年到〇九年的大裁員。經濟陷入不景氣時，突然間開支減少了，流動性大緊縮。在二〇〇八到〇九年，很多公司都出現嚴重的現金短缺。需求下滑，他們的信用額度遭到縮限，原本抱負遠大的計畫也縮減了。企業若不是沒有足夠的現金持續支付那麼多薪資，就是希望在風險更高的經濟中，保留更多的現金以因應狀況。

但裁員不是毫無篩選的，企業採取了一些方法，先找出哪些員工能為公司增添最多價值，然後把生產力較差的員工列入裁員名單。這些裁員計畫讓公司花了不少心思，也讓留下的員工士氣備受衝擊。但那還是必要的，也完成了。二〇〇九年大部分的時間，失業率都是大幅攀升的。這是景氣衰退所引發的一次性大事件，但也是更長期趨勢——把組織重整和裁員當成提振企業生產力的方法——的一部分。

那些遭到裁員的員工，重新找到新工作的速度，遠比過去幾次經濟復甦時緩慢許多。即

使危機早已結束，企業的獲利也回升了，但被裁員的人還是找不回舊有的工作。最重要的是，後來就業市場出現的新工作比較可能是低薪的，而非中薪工作。基本上，基於結構性因素，美國經濟再也無法像以前那樣撐起那麼多中薪工作了。

金融危機是很慘烈的一次性事件，揭露了這個根本的長期結構性問題——很多勞工，其實原本就是「低成高就」（overemployed），也就是所謂的「見真章時刻」。真相帶來的震撼，仍讓很多勞工覺得心有餘悸。經濟學家尼爾・傑默維奇（Nir Jaimovich）和亨利・蕭（Henry Siu）做過初步研究，他們的結論指出，勞力市場的兩極化，大都是經濟衰退直接造成的，因為經濟蕭條時，會讓中階工作消失。而這些工作就算經濟蕭條結束，也很難再回補。

房市泡沫破滅和金融危機，意味著人民失去大量的財富，而企業則是失去很多的流動性及信用額度。突然間，大家必須比往年用更嚴格的方式挑選東西，消費者必須精挑細選真正想要的產品，公司必須精選他們真正想雇用的員工以及想強調的計畫。個人和機構都不能再像以前那樣「什麼東西都同時做一點」，只能專注做特定的幾項專案。長期而言，很多中薪工作都會消失。這個趨勢的影響，比我們所想的還要根本與深遠。經濟從衰退中復甦得愈多，就愈可以清楚看出重大的結構性變化已經持續很久了，而且這種結構性變化已融入經濟復甦之中。

凱因斯學派的經濟學家主張：增加開支和總合需求，會有更多人找到工作。但是這些新工作和舊工作是不同的，因為企業已經在「舊工作不會回補」的假設下重建了。很多新工作會是低薪工作（尤其是學歷較低的勞工，他們在失業群中占很大的比例），更依賴體力或直接的個人服務，例如為公司跑腿或照顧老人等等。

經濟蓬勃發展時，對純體力的勞動需求很高。當你的公司訂單滿載時，你需要人力搬運產品、裝箱及寄送。這些都不是採棉花的苦活，但仍是要靠體力的工作。原本在資方眼中沒什麼用處的勞工，在這種簡單任務出現時（例如送貨給不耐煩的顧客），就會找到工作。這種工作不太需要技能或士氣，也不需要太多精確的合作，只要把任務完成就好了。但是目前經濟還不算蓬勃發展，我們仍在等更多靠體力的工作出現。

至於比較複雜、較少用體力的工作，薪資彈性並不是重點。除非公司早就有商業計畫雇用更多的人力，否則體力工作者突然找上門時，你可能也不想雇用他。那個人可能會說：「我可以減薪三〇%！」或「我可以不支薪工作！」但是那通常都不重要。可悲的真相是，即使公司需要額外的勞力，也一點都不想雇用他們。除非額外的勞力需求很緊迫，否則有些勞工並不值得你去應付那些麻煩。

我認為這種「零邊際產值」的勞工，目前只占勞力市場的一小部分，但比例正持續增加。至少，他們的存在讓我們的失業率很難在可預見的將來回到四%。

你可以隨便問一個人力資源部的人：「有多少比例的應徵者，是無論什麼原因、無論對方要求的薪水有多低，你根本就不想錄取對方？」你會發現，比例還滿高的，我自己身為雇主，也可以證明這點。你也可以看一下有多少人想從軍，但遭到美國軍方拒絕：吸毒、用藥、體重問題、信用分數不佳、犯罪紀錄等等原因，讓很多人失去從軍資格。教育部長阿恩・鄧肯（Arne Duncan）指出，目前十七至二十四歲的年輕人中，就有四分之三的人，基於某種原因而不適合從軍。四分之三！這個比例很嚇人吧？

資訊革命的前兆：中階中薪工作將會減少

另外，還有一些直接的數據顯示，遭裁員的勞工，其實不像我們所想的那麼有價值。

我們來看二〇〇九年的後三季，那是失業率增加最快的時候。在那三季裡，「平均工時生產力」顯示出一些有趣的行為。這個統計數據，是用來衡量美國勞工的生產結果。在第二季，數據上升了八％，第三季上升了七％，在第四季上升了五．三％，也就是說連三季**上漲**。這些數字是衡量勞工工作一小時有多少產出，是平均值。這表示，如果公司裁掉的是比較沒生產力的員工，即使總產出減少了，但平均生產力卻是上升的。例如，某勞工每小時的生產價值是二十美元，另一個勞工每小時的生產價值是十美元，兩人平均每小時的生產價值就是十五美元。而裁掉那個生產力較差的勞工，可以讓平均生產力變成二十美元。

二〇〇九年第一季以後，平均工時生產力**大幅增加**。為什麼會發生這種事？是因為我們在二〇〇九年四月發明了可行的奈米技術，或某種高生產力的新電腦嗎？我想應該不是，而是因為我們裁掉了很多生產力不及其薪資水準的勞工。老闆把生產力較差的勞工抽離了薪水較高的工作，等景氣復甦後，老闆也不希望他們回來，於是平均生產力上升了。

如果雇主是裁掉一批比較典型的勞工，即使總產出因勞工總數較少而下降，但平均工時的生產力不會改變太多。一九九〇年代以前的經濟不景氣比較像那樣，但是一九九〇年代以後，不景氣卻是長期勞力市場趨勢的帶動與強化因素。如今出現經濟衰退時，雇主會做出困難但正確的裁員選擇，未來他們公司裡的中階中薪工作將會減少。這是資訊革命的前兆，也是資訊革命重新塑造整個職場的方式。

還有另一個證據也顯示，目前的失業者找到工作的比率特別低。失業率的變動，要看「流入率」（失去工作）和「流出率」（找到工作）。在最近這次不景氣中，失業率的流出率特別糟，因為有些人一直陷於失業狀態，找不到工作，因此衍生一種長期失業的新類別。現在，失業更集中於一群「經常失敗者」的身上，很多人可能永遠也無法成功就業。

所以，那些遭到裁員的人怎麼辦？那些還能工作、也願意工作的人會變成怎樣？無論我們喜不喜歡，他們之中有很多人都必須去找比較低薪的工作。世界上有很多薪水較低的工作，而且比以前還多，但以下是幾個比較明顯的問題：

1. 那些新增的低薪工作中，有很多是在海外。如果那些工作不需要許多複雜的資本投資，把那些工作留在美國的優勢較少。
2. 很多美國人不想做這類的工作，無論就薪水來說或心理來說。他們已經習慣「中階」的工作，但偏偏中階的工作日益消失。
3. 美國的法規增加了人力雇用成本，例如強制的醫療保健福利、訴訟風險，以及較高的最低工資。

根據以上論點，我們免不了會得出以下的結論：失業勞工只能慢慢再就業，而他們重新找到的工作，薪水往往比以前低很多。

「微工作」：失落世代中崛起的個體戶型態

重新就業過程緩慢，也不見得都是順利的。經濟學家艾倫．克魯格（Alan Krueger，截至二〇一三年，她也是歐巴馬總統的首席經濟顧問）和安德烈亞．穆勒（Andreas Mueller）調查了六千多位失業勞工，發現其中有很多人不願接受薪資比以前低很多的工作。這種堅持並不會隨著失業時間拉長而消失——至少在二〇一一到一二年是如此。無論這種想法有多麼不切實際，他們大都仍堅持要找更好的工作。

如今美國招募人力的成本明顯上揚，主要是因為醫療保健的成本增加。醫療健康保險每年愈來愈貴，歐巴馬的健保計畫讓雇主雇用沒健保勞工的成本又更高了。公司的規模只要超過某個程度，就必須幫員工加保，否則就要支付罰款。新法律的強制規定，也讓納保率較低且較便宜的健保計畫消失了。你可能喜歡、也可能不喜歡新的健保政策，但新的健保政策會增加就業成本，使好工作變得更少。凱瑟家庭基金會（Kaiser Family Foundation）估計，四口之家的健保費平均每年超過一萬五千美元，而在未來十年內，可能會漲到每年三萬兩千美元或更多，那比很多勞工的價值還高了。別忘了，二〇一〇年美國個人（不是家庭）的薪資中位數約二六三六三美元。如果我們強迫或敦促雇主提供健康保險，很多勞工並不值得以高薪雇用。

從這些發展可以預期，許多美國勞工會轉而自己創業。例如，二〇一〇年每個月平均有五十六萬五千名美國人創業，是近十年來最高的數字。這不是因為我們突然變得更有活力了，而是因為很多人很難在其他地方找到報酬好的工作。自己創業看起來像是值得讚許的舉動，但那往往意味著勞力市場，並未以合理薪資吸收每個人。

三十三歲的羅娜·依科諾穆（Rona Economou）就是典型的例子。她本來在曼哈頓的某大律師事務所工作，薪水不錯，後來遭到裁員，又很難重返律師業。經過一番深思，她在下東城的亞瑟斯街市場（Essex Street Market），開了一家販售希臘食物的小攤子 Boubouki。如今她早上五點半起床，背很多沉重的袋子，每天都必須工作。擺攤能不能獲利還不確定，更別說是致富了，她的生活也沒變得比較自由。

未來有很多工作都會像這樣，亦即像我們在開發中國家看過的許多工作。有時候經濟學家會美化開發中國家「小本生意」所展現的活力，但實際上，這些人去做穩定的工廠工作可能會更好，當然前提是工廠也要先有工作機會才行。

美國已經出現自由工作者暴增的現象，包括承包商、獨資經營者、顧問、臨時工、個體戶等等。政府並未精確地計算自由工作者的就業市場，但非官方的證據顯示，網路上的職缺和臨時徵才的資訊暴增。二〇〇五年（上一次官方統計）就已經如此了，當時美國已有三分之一的勞動力是以某種方式投入自由工作者的市場。這當然不是富裕的獨立創業者所創造出來的烏托邦，尤其最近的勞力成長，主要是來自兼職的自由工作者，而非全職的自由工作者。他們大都是為了求得溫飽，而不是為了追求名利。

長期而言，我們預期這些類別之間的區分會日益模糊，自由工作者將會日益獲得敬重，也會變得更普遍，因為他們可以獲得收入，同時享有一點個人自由。更多的勞工會把自己視為自由接案的個體戶，也會有更多的雇主想雇用他們，因為不需要提供他們傳統的員工福利。

以下是一些自由工作者的新工作，也許我應該稱它們是「微工作」。不意外的是，它們都是服務性質。克里斯坦森一家人找了一名勞工（其實是科學家）到家裡，幫他們清理廚餘堆肥，他們是上網找來的。二十四歲的艾麗卡．杜曼安（Erika Dumaine）從 Nordstrom 百貨公司買了一雙鞋，送到想要那雙鞋的女士家中，並收取十七美元。芝加哥的約翰．伯克斯（John Burks）不慎讓鑰匙掉入下水道，他立刻上網貼了一則緊急廣告，請人想辦法把鑰匙撈上來。一小時內就有人應徵，開價八十美元。

愈來愈多的年輕人延緩踏入成年期，部分原因在於缺乏高薪工作的召喚。現在的年輕人有時被稱為「被遺棄的世代」（Generation Limbo）。他們現在窩在家裡的時間更長，找的是自由工作或兼職的服務工作（例如在酒吧或書店打工），或是為網站兼差寫稿。他們的第一份工作或甚至第二份工作，可能都不算潛在的「職業」。我不覺得這個「被遺棄的世代」完全是或大都是不快樂的。老一代的人可能很羨慕他們的自由和彈性，他們也有很多的時間和親友在一起。如果臉書上的狀態可以當成參考指標的話，他們的生活似乎充滿了性愛、派對和美食。不過，這些二十幾歲年輕人的長期就業前景，就可能不太樂觀。

當我們思考目前的世代在未來幾十年的發展時，美國經濟似乎無意補充「種子資本」

了。我在第一章提過，資料顯示：大學畢業生的實質收入從二〇〇〇年起已經下滑。如今，許多年輕人是門檻收入者（threshold earner），亦即只求生活過得去，無意追求更高的薪酬或更好的資格憑證。布魯克林的威廉斯堡（Williamsburg）到處都是這種年輕的門檻收入者，不過日益高漲的租金開始把他們逼往其他地區，比如布魯克林其他比較偏遠的地區或布朗克斯區。柏林現在也以門檻收入者眾多而聞名，當地有很多年輕的居民無意奮鬥，至少對於爭取商務就業機會沒多大興趣。在柏林，有五分之一的人口靠社會轉移補貼金生活，失業率是全國的兩倍，一位評論家指出：「在這裡，抱負可能是個負面字詞。」在富裕的社會中，有時候生活只求過得去和開心就夠了。這樣說也許不夠冒險進取，或甚至很「不美國」，但是未來我們會看到愈來愈多這種現象。

總結來說，這些就業市場的趨勢為老闆帶來更高的收入，讓他們更重視職場的士氣，對盡責和聽話的勞工需求更高；同時也讓社會頂層的不平等更加擴大，使菁英分子大幅受惠，並在服務業創造了許多自由接案的工作，也讓缺乏技巧的勞工更陷入勉強餬口的窘境。這一切，都將是未來就業市場（新職場）的基本特徵。

Part 2　遊戲教我們的事

第4章

小遊戲，新未來

與電腦聯手，開啟你的新能力

數位經濟中，電玩業是很成功的商業案例。從《憤怒鳥》和《俄羅斯方塊》，到《俠盜獵車手》（*Grand Theft Auto*）以及《無盡的任務》（*EverQuest*），都相當成功。即使並未能獲得文化評論者或經濟學家的關注，今天電玩業在文化經濟中所占有的分量，其實比好萊塢的電影還要吃重。

如果你小看了電玩業的發展——例如把電玩視為小孩子的玩意，或是浪費時間的消遣——你將會犯下嚴重的錯誤。電玩反映並匯集了認知、娛樂、教育、資訊迅速處理的現代趨勢，無論我們談論娛樂或資訊，如今的世界都和電玩的關係愈來愈密切了。這些電玩正在改變我們彼此互動及運用時間的方式。我們從電玩中學到的事物，會展現在我們的工作中。

事實上，這種現象已經出現了。

會下棋的軟體，比運動鞋還便宜，意味著……

現在連低收入者都買得起的複雜電玩，所具備的運算能力都遠遠超越一二十年前的想像。還記得以前，我們仍懷疑電腦有沒有可能擊敗西洋棋大師嗎？如今裝在筆記型電腦上的西洋棋程式（含運費，價格只要四十美元，甚至可從網路免費下載），確實比人類還厲害。雷布卡、弗利茲（Fritz）、朱尼爾（Junior）、胡迪尼（Houdini）、老虎魚（Stockfish）、科莫多（Komodo）都是優異的西洋棋程式。

西洋棋是特別實用的例子，雖然它是很古老的遊戲，但是經過數十年廣泛的技術研究和發展，已經變成一種廣受歡迎的電玩類別，老少咸宜，新手、大師都愛玩（其實都不是電腦的對手）。西洋棋電玩業的蓬勃發展，使它成為研究人類決策的豐富資料來源。

我們透過遊戲學習，已有數千年的歷史了。遊戲讓我們更懂得保持健康，老師們也利用遊戲來幫我們學習算術、文法和化學，現在遊戲還可以透過 app 來幫我們減重。從扭扭樂（Twister）到奧運賽，過去遊戲教我們如何和他人相處，現在遊戲也教我們了解自己的極限與直覺。

這對職場和全球經濟的未來是很重要的發展。我認為，人類和電腦下西洋棋的方式，將會是未來幾十年高薪族的賺錢模式。

想了解智慧型電腦和它們的未來影響力，電腦專家亞歷山大．克隆羅德（Alexander Kronrod）的說法頗值得我們參考。他說：「西洋棋是人工智慧的**果蠅**。」換句話說，看棋，正是學習棋局的方法，就像果蠅幫我們解開人類遺傳學的奧祕一樣。

二次大戰後，艾倫．杜林（Alan Turing）和克勞德．香農（Claude Shannon）兩位電腦科學的先驅，都看出未來電腦可能會下西洋棋，並寫下開創性的論文，說明那可能會以什麼方式發生。杜林甚至在其他科學家還沒搞清楚電腦之前，就已經預告電腦可能會下西洋棋。後來，科學家選擇用西洋棋來測試電腦智慧的發展，電腦巨擘ＩＢＭ為了宣傳品牌，在電腦智慧的開發上贊助了大量資金。ＩＢＭ的深藍電腦，後來擊敗了西洋棋大師卡斯帕洛夫——可能也是有史以來最厲害的西洋棋手。

老實說，當時（一九九七年）的卡斯帕洛夫或許仍是比電腦還強的棋手，他之所以輸給深藍，只是因為他失去了冷靜。但你看，那之後的演變有多大。最近一次的公開比賽是在二〇〇五年舉行，電腦程式海德拉（Hydra）以五．五比〇．五大勝邁克．亞當斯（Michael Adams），〇．五表示和棋，亞當斯能把一盤棋下到和棋已經很幸運了。在其他盤的比賽中，他根本走沒幾步就輸了，雖然當時他已是世界排名第七的高手。

會下西洋棋的電腦後來大量增加，很多小公司開發程式，並在網路上販售，售價比一雙慢跑鞋還便宜。

以西洋棋來測試技術發展，並和人類之間互動有個優點：我們可以評估到近乎完美的結果，清楚知道誰輸誰贏。比賽沒有捷徑，也跟運氣無關，你可以精確衡量棋手和電腦程式的棋藝高下。只要投入一點時間，就能判斷某個棋步是否正確。這樣的特色，讓我們更容易判斷機器智能在哪方面勝出，哪方面仍然落後。西洋棋電腦程式會精確顯示，訓練有素的棋藝大師即使憑最佳直覺也會出錯。總之，我們可以從西洋棋程式的運作中，窺探將來可以如何運用智慧型電腦來工作，賺取更高的收入。

人和電腦下棋，你賭誰會贏？

現在，我們可以觀賞電腦與電腦對弈西洋棋。但是，看兩台電腦下棋，我們可以從中學到什麼？兩台電腦下西洋棋，又是什麼情況？

二〇一一年五月二十三日，老虎魚 2.11 版和斯巴克（Spark）1.0 版下西洋棋。這兩個程式的棋力都勝過人類，也都想「智勝」對方。

那場比賽從頭到尾高潮迭起，兩個程式根據未來幾個棋步的連串推論，不斷使出超複雜的招數，到了第二十五步時，整盤棋已經很險，彷彿每一步都會是成敗的轉折點。到了第三十步時，多數棋子的位子都已經偏離傳統的位置，看起來完全不像西洋棋大師憑直覺會走的棋步。

當時的我，可以猜到最後哪一方會贏。但那是因為我用另一台電腦在網路上「觀賽」，電腦上裝了一套舊版的老虎魚程式，告訴我該怎麼看棋，它會顯示各棋步的數字評分。當然，我對這程式不免將信將疑。如果舊版的老虎魚程式告訴你，比較強大的新版老虎魚程式快要擊敗另一套電腦程式了，你該相信它嗎？那不就像極了一個老在吹噓自己很讚的人？不過，最終兩個版本的老虎魚程式還是一起說服了我，因為它們確實有很大的贏面。

到了第五十步時，老虎魚（白方）已經有明顯勝算，但是當時還是不確定能不能一舉突破，贏得比賽。線上的人類評論員們開始問：維基百科上是否能告訴我們，白方怎樣才算贏了比賽？有些評論員也開始以「她」來稱呼老虎魚（一般比較常用「他」來指西洋棋電腦程式），並開始討論老虎魚在這種比賽殘局中的表現是否正常。

我已經準備好押注老虎魚贏，但我還不是很有把握。電腦的演算法常讓人類折服，但電腦的演算法也不見得能判斷棋局進行下去有沒有可能出現突破。這些程式會預想未來好幾個棋步，有時明明會和棋，但電腦的演算結果卻是預測其中一方會贏棋。這是這類電腦程式仍需要解決的問題之一，電腦可能有很多額外的棋子，卻無法理解有些遭到封鎖的棋子，無論你試多少種走法或任何組合，都不可能突破封鎖。

到了第六十一步時，我在想老虎魚最後會怎麼突破。坦白講我自己也不知道，但我開始懷疑自己先前的預測，儘管舊版老虎魚堅持新版老虎魚必勝無疑。果然到了第六十二步，斯巴克知道輸了，自己投降。

但是白方真的贏了嗎？為了確定這點，我把棋步搬回我的筆電程式（雷布卡），再繼續玩下去。結果發現，斯巴克似乎沒錯，這表示新舊版老虎魚也沒錯，它們都看得比我遠。斯巴克輸棋後，換成另一個程式「朱尼爾」，對上另一個程式「瑙姆」（Naum）。

西洋棋大師創造了一個詞，說那是「電腦步數」，來形容電腦那些看起來有悖常理的詭異棋步。但那些詭異棋步，幾乎每次都能打敗西洋棋大師。隨著電腦西洋棋的開發，人類棋藝確實也進步了，主要是因為我們從電腦那裡學到一些伎倆，但進步的程度還不足以打敗電腦。你可以說，至少在下棋這件事情上，我們距離優異還很遙遠。

換言之，在電腦與電腦的對戰中，它們使用的戰術已經如此驚人、深奧和複雜，連最優秀的棋手都難以理解是怎麼回事。這已經告訴我們：即使人類花數十年研究西洋棋，人類的直覺還是非常微弱，也不可靠。

未來想成為高收入族群嗎？研究一下自由棋的遊戲模式吧！

這不禁讓我們想到：人類生活的其他面向，是否也如此？

想像一下，未來我們全都使用機器智能，來指引我們的日常生活中的決策——iPhone的

Siri要瑪麗甩了約翰，因為約翰是個愛撒謊的混蛋；另一個程式提醒你趕快賣股票或賣房子。很明顯，心臟不夠強的人，還真的很難適應這樣的機器智能。

我們可以在電腦對電腦的遊戲中，看到一種積極的戰術對抗另一種積極的戰術，於是整個比賽變得非常複雜。從人類的觀點來看，這些遊戲通常都很驚險、複雜、嚇人。想像你在一級方程式賽車進行到一半時，突然被丟進賽車的駕駛座。在你無法掌控時速二〇〇英里、九八〇馬力的賽車之前，光是壓力可能就把你嚇死了。

人類的棋手突然加入電腦對電腦的西洋棋比賽時，大概就是那種感覺，棋盤上的棋子看起來都很危險。「人類根本不會那樣下。」是人類對電腦棋步常有的回應。

就像西洋棋一樣，我們可以預見，以後會有人真的根據電腦的建議來做日常決策。到時候，我們在很多情況下都會需要一種不太容易養成的特質：處理——或忽略——壓力的能力。例如，你正在談一筆生意，但智慧型電腦一直叫你「放棄這筆交易」，而且它對於放棄的堅持，可能超乎你的想像。

然而，並不是每個人都會想靠電腦來幫助自己做日常生活中的決策，就算電腦可能會為你提供更多就業機會，或幫助你交友成功，但也不是每個人都希望出去約會時，老在被口袋裡的 iPhone 一直催著「現在快吻她」，很多人也應該都會忽視「現在快搭她的肩膀」之類的建議。這些功用對擅長管理壓力和處理尷尬的人來說，可能很有幫助，但是對反應較慢的人來說，就不見得有幫助了。

電腦的設計邏輯，是為了獲勝，而不是為了平手。做生意，沒有人是靠著只求損益兩平的目標而成就豐功偉業的，就像沒有人是靠著「表現尚可」而追到很多女生或娶了理想的對象。我們都知道「不入虎穴焉得虎子」的道理，因此我們會去買擅長策略的電腦程式來輔助。在即時資料分析和電腦情報的驅動下，我們將會創造出許多驚險又複雜的互動情境。我們將會使用電腦來管理這些冒險，尋求決定性的優勢，就像下西洋棋一樣。

兩極當道的「無平庸時代」來臨了。我們現實世界的互動，有時候會變得更簡單、更順暢，有時則會比較複雜。當然，要活得「簡單」也不難，反正電腦叫你做什麼，你就做什麼就成了。但不難想像，當人們彼此互動的方式被智慧型電腦所左右，我們的世界也會變得更難以預測、更複雜。

電腦對電腦的比賽是很令人難忘的奇觀，至少對我這種西洋棋愛好者來說是如此。但是，那和我所想的高收入者未來的運作模式並不一樣。我想的模式是：人類和電腦合作，然後善用過去未受重視、未充分利用的能力。

長久以來，大家常說只有很理性的人，才能保持冷靜，也許就像《星際爭霸戰》（*Star Trek*）的史巴克先生那樣。不過，觀察深思熟慮又理性的西洋棋手下棋，而且允許他們一邊下棋、一邊諮詢電腦程式時，你會發現事實並非如此。人類喜歡冒險的特質——尤其在投入激烈的競賽並挑戰能力的極限時——通常會激發人類的情感，也會讓人冒汗。

這種「人機合作」的西洋棋稱為「自由棋」，當我們觀察別人下這種西洋棋時，會看到一種新穎又刺激的未來型態。已故的諾貝爾經濟學獎得主赫伯特．西蒙（Herbert Simon）是電算模型的大力支持者，也是現代行為經濟學之父。他認為，遊戲非常重要。曾經跟他合作的認知科學家費南德．戈貝特（Fernand Gobet）表示，西蒙以前每週開會時，開場白都是：「我們今天有什麼關於西洋棋的新資料嗎？」如果你希望在不久的將來，成為高收入族群的一分子，就應該研究研究自由棋的遊戲模式。

第5章 不會被淘汰的職業

愈自由，速度愈重要

傳統的西洋棋比賽，會確保棋手不靠電腦作弊。但自由棋則完全拋開這種限制，你可以翻書、查電腦、打電話向大師請益，連求神問卜都行。西洋棋大師卡斯帕洛夫開玩笑地說：「即使有魔鬼相助，可能也不算犯規。」反正，重點要看你下了什麼棋步。

不過，為了讓比賽更刺激，這種玩法的時間限制很緊迫（每盤六十分鐘、每一步十五秒是常見的規定），所以人類處理電腦建議的速度很重要。由於電腦功能強大，提供的資訊往往比人類能吸收的還多。但負責決定棋子該怎麼走的，還是下棋的人。

成為自由棋大師需要什麼條件？這又和傳統西洋棋的頂尖高手不同了。

快得像旋風、忙得像八爪章魚的自由棋高手

二〇〇五年以來，每年都有大型的自由棋比賽。在第一次比賽中，有些西洋棋大師也參加了，但最後贏得大獎的是薩克斯（ZackS）。在最後一盤中，薩克斯擊敗俄羅斯的西洋棋大師弗拉迪米爾．多布洛夫（Vladimir Dobrov），以及他棋藝精湛的隊友（級數 2600+，2600 以上屬於大師級）——他們兩人當然也用了電腦程式。

誰是薩克斯呢？是兩個來自新罕布什爾州的老兄：史蒂芬．克朗頓（Steven Cramton）和薩克力．史戴凡（Zackary Stephen）。當時他們兩人的級數都比較低，分別是一六八五和一三九八，這種級數就算在地方的祺藝社裡，連高手都稱不上，更別說是區域性冠軍了。

但是在整合電腦資訊這件事情上，他們卻是最厲害的專家。除了使用強大的硬體設備，他們也使用弗利茲、雪雷德（Shredder）、朱尼爾、老虎棋之類的西洋棋軟體。薩克斯雙人組的運作方式，比較像操控電子音樂的 DJ，忙得像八爪章魚一樣，而不像一般沉著的棋手（雙手抱著頭，聚精會神地思考）。

安森．威廉斯（Anson Williams）是另一位頂尖的自由棋玩家，他對傳統西洋棋涉獵不

深。威廉斯住在倫敦，職業是電訊工程師和軟體開發者，是非裔加勒比海移民第二代，年輕清瘦，熱愛打保齡球，聽巴哈的音樂。隊友奈爾森．赫南德斯（Nelson Hernandez）形容，他說起話來言簡意賅，信教虔誠，對棋藝相當熱中。

威廉斯沒有任何正式的西洋棋級數，但他估計自己的級數大約是在一七〇〇或一八〇〇，或跟地方棋藝社的棋手相當。不過，他使用兩台四核心筆電玩自由棋時，表現非常突出。在自由棋比賽中，他和隊友可以擊敗任何大師。威廉斯的團隊在四次自由棋大賽中，比了五十一盤，共贏了二十三盤，只輸一盤，二十七盤是和棋。

他們的團隊共有三人：威廉斯、赫南德斯、陳纓珩（音譯，Yingheng Chen）。陳纓珩年近三十，畢業於倫敦政經學院，也不是傳統的西洋棋手，目前在金融業工作，她是威廉斯的女友，跟著威廉斯學下棋。

赫南德斯解釋他對自由棋的熱愛：

> 這跟傳統西洋棋比起來似乎比較輕鬆，但是當你想到對手也可以做同樣的事，也可能擁有驚人的資源時，你就知道這一點也不輕鬆了。而且，要即時處理一切資訊來決定最佳

棋步，也挺費功夫的……

我的角色比較專業。比賽期間，我的參與度很少，就只是看著威廉斯痛宰對手。但是比賽之前，我會非常積極參與他的賽前準備。這其實很矛盾，因為我不是棋手，我是完全從分析、電腦導向的觀點來參與比賽。

威廉斯下棋時一直處於忙碌的動態中，在兩台電腦之間不斷來回，因為自由棋就像赫南德斯說的，其實是「盡快處理大量的電腦資訊」。

雷布卡的程式設計師瓦希克・萊利赫（Vasik Rajlich）認為，自由棋的高手簡直就是「怪咖」，不過他強調這是一種讚美。他自己就是頂尖的自由棋玩家，他認為快速思考與迅速處理資訊，是在自由棋中獲勝的關鍵。在他看來，這種才能是先天的。最頂尖的自由棋玩家不見得是棋藝高超的西洋棋手，但他們很快就學會自由棋的技巧，有時只要練習二十個小時就夠了。據他說，另一位頂尖的自由棋玩家達格・尼爾森（Dagh Nielsen），在自由棋比賽時快得像「旋風」一樣。

有些玩家只用西洋棋程式參賽，讓程式自行運作，不使用額外的人力輔助。這種「團隊」無法贏得大獎，其他的自由棋愛好者也看不起這種玩法。尼爾森估計，一般的自由棋團隊比這種只用電腦下棋的團隊，至少在伊諾等級（Elo rating）上高三〇〇點，不過那已經是幾年前的情況了。現在赫南德斯估計，級數大概是高一〇〇至一五〇點，差距大概像世界第一的棋手和第七十五名的差別。

也就是說，如果少了電腦程式，就算是最厲害的西洋棋大師，也不可能擠進自由棋大賽的決賽。

為了贏棋，你必須創造特別的東西

就算使用電腦程式參加自由棋大賽，頂尖的日裔美籍西洋棋大師中村光的成績也不突出。為什麼？因為他對電腦不夠信賴。他一度這麼說：「我相信我的大腦，因為它每週七天裡，有六天比雷布卡優異。」但是，他錯了。

所有自由棋團隊在比賽前，都會研究對手過去比賽的開局方式。因為就像卡斯帕洛夫說的，在自由棋中，起手優勢通常也意味著最終的勝利。參賽者也知道某個程式的弱點，以及某個程式有時候可能會抵銷另一個程式的缺點。他們比程式更懂得時間管理，因為有時候程式需要花更多時間思考。

最重要的是，他們明白電腦搜尋是一種過程。他們還有一種驚人的直覺，可以判斷某個程式建議的棋步要是搭配幾個走法，有可能造成「翻盤」。於是，他們會到另一個程式上測試心中預想的走法，以引誘對手落入陷阱。如果對手盲目地依循某個程式的建議，沒注意到翻盤的可能，就可能壓倒對方。換句話說，人類可以精進程式的功效，比程式更懂得深入搜尋一些走法。

自由棋專家阿諾．尼克（Arno Nickel）指出：「為了贏棋，你必須創造特別的東西。」萊利赫表示，截至目前為止，程式和頂尖自由棋團隊之間的落差，大致上維持不變。人類確實可以精進程式的功效——至少目前還可以。

我花很多時間在家裡玩自由棋，我 iPad 上的雪雷德程式，級數約二二〇〇，算是「初級大師」（Master），也就是說，棋藝還不錯，但比不上世界級的高手。我的玩法很簡單：通常我讓雪雷德跟它自己比賽，但偶爾我會推翻程式的決定。換句話說，基本上那是「我＋雪雷德」對抗「雪雷德」的比賽。我通常會在每一盤的四或五個關鍵時刻，推翻程式的策略判斷，提出更好的走法（至少我覺得我的走法比較好）。接著，我再讓程式接手繼續下，通常每五次中，有四次可以獲勝。

要讓「我＋雪雷德」打敗「雪雷德」，我不需要比雪雷德厲害，我只要對西洋棋有足夠的了解就行了。另外，套用決策理論的術語，我也必須保持「超理性」（meta-rational）。也就是說，我必須了解，在多數情況下，雪雷德的判斷比我的判斷更好，應該聽它的。

我之所以認為這種自由模式很重要，是因為我們以後會在職場上，看到愈來愈多類似的情形。

先想好要如何「開局」，再好好運用電腦給的建議

千萬不要把未來想像成一個「電腦全面取代人類」的時代。畢竟，電腦即使單獨運作，它本質上仍然得靠「人機合作」才能完成任務。

比賽開始以前，電腦會先查詢它的「開局手冊」。你可以把開局手冊想成一個很大的資料庫，裡面收錄許多以前的精采棋局，包括一些可能還沒走過的變化（程式設計師把那些變

化加入資料庫裡，是為了增加電腦程式的深度）。資料的儲存空間很便宜，所以優異程式的開局手冊中，通常包含數百萬種走法。換句話說，電腦程式幾乎知道各種標準的西洋棋開局方式。

也就是說，電腦開局時，其實不是在「思考」，而是在搜尋人類目前為止對開局的最佳知識，尋找以前頂尖高手用過的不錯走法。這就好像你正在跟一個可以迅速查閱每一本書、每一場西洋棋對弈資料庫的人下棋一樣。你和電腦玩西洋棋時，電腦的最初二十步（或者三十步）可能近乎完美，不過，那其實是人類的集體經驗近乎完美，而不是電腦的運算近乎完美。如果你對這些開局的了解不像電腦程式那麼深入，你會打從一開始就屈居劣勢了。你們之間的比賽，已經是「你 vs. 強大的人類＋電腦」。

一些電腦西洋棋的評論家認為，電腦依賴開局手冊是錯的或不公平的。事實上，多數電腦程式允許你關閉開局手冊，這樣一來，電腦就必須自己思考開局的走法。即使是最好的電腦程式，也不是很擅長自己開局，因為在棋局一開始時，變化特別多，長期的策略通常比短期戰術更重要。在多數棋局的前十五步左右，棋藝不錯的大師都比少了開局手冊的頂級電腦程式還會下棋。

在傳統的「人類vs.人類」的西洋棋比賽中，有很多潛藏的合作形式。在人與人的對弈中，如果能在開局時製造出人意表的效果，便有可能獲勝。假設我知道你前二十步會用什麼走法來應付我準備的變化，我可以在第二十一步導入新奇的走法。此外，我也可以預見這盤棋會走到這一步。所以在比賽開始以前，我會先叫電腦針對你可能因應的各種方式，對第二十一步以後的走法提出最佳建議，於是我帶著電腦的分析去跟你比賽。基本上，在某段棋局中，是你在跟我和電腦對弈。這種情形就像一個求職者，帶著電腦所提供的預測（例如對方會問什麼問題等等）去參加面試一樣。

兩個西洋棋大師在準備對弈以前，通常會花很多時間尋找出人意表的創新開局方式。他們會蒐集很多創新的開局方法，事先用電腦程式分析那些走法，接著再期待能引誘對手進入那些情境，達到「我＋電腦vs.你」的狀態。就某種意義來說，他們是把對手引入有特殊武器的場子，以確保自己的勝利。愈厲害的高手，愈會製造這種優勢。

從西洋棋程式中受惠最多的一般棋手，是懂得如何利用電腦程式訓練自己，以及如何從電腦程式中學習的人。電腦程式的出現，對記憶好又有認真學習習慣的玩家來說受惠最多。如果玩家記不住自己準備的走法，就無法從這種策略受惠。記憶好的人會記住從電腦程式學到的東西，並在適當時機應用所學（例如工作面試的時候）。

事實上，在現實世界中，立即掌握事實或分析資訊的能力，是一項很大的優勢。例如開會、業務談判時的策略和反應、律師在陪審團面前的辯論、管理者面臨火爆的人事狀況等等，都必須臨時擷取預先處理的資訊。在這種情況下，員工從電腦中學到的東西，以及他們能不能清楚記住電腦資訊及電腦的建議，變得愈來愈重要。

學會與電腦合作，降低你犯錯的機率

在自由棋中，可以明顯看出雙方都在找創新的開局方式，這也導致團隊的分工很細。我們回頭來看威廉斯的自由棋隊友赫南德斯。赫南德斯有整整七年的時間，每週花二十到二十五個小時，匯集全世界最棒的開局資料庫。他到處找頂尖的西洋棋大師和電腦程式，掌握他們的方法，收錄比賽的結果，檢查記錄的資訊有沒有問題。他的資料庫收錄了大量的資料，基於競爭因素，他不想讓我告訴大家他到底蒐集了多少資料，但我可以透露，我聽到他的資料量時嚇了一跳。他是全心全意為他的自由棋團隊投入這項工作。有了那個資料庫後，他的團隊就可以全面掌握過去精采比賽的所有成功開場方式。資料庫讓他們展現一些全世界最頂尖的開局方法，以及許多的比賽走法。

我和赫南德斯見面時，不知道該用什麼字眼來讚美他比較貼切：「我又不能說你是有史以來最棒的西洋棋手之一，但你真的很厲害，只是我不知道要用什麼字眼來形容比較貼切。」他聽我這麼說時，露出了微笑。

順道一提，威廉斯、赫南德斯、陳纓珩所組成的自由棋隊有個正式的名稱，但那不是公開的資訊，我知道他們隊名的排列組合，但他們不想告訴我確切的名稱，也不希望我告訴大家。他們不希望隊名變成公開資訊，所以每場比賽都會更換名字。這也意味著，其他團隊更難準備跟他們對弈時的開局方式，更難知道他們在每場比賽中面對的是誰及什麼情況。

團隊名稱保密、每場比賽都更換團隊名字——聽起來是不是很像小孩子玩的遊戲？前面花了很多篇幅介紹的自由棋模式，真的那麼重要嗎？我的看法是：為了完成特定任務的人機合作，將會徹底改變我們的經濟——包括許多服務產業。真的是這樣嗎？

目前的醫療診斷，正需要進一步運用人工智慧。電腦已經可以診斷出一些病症，通常是使用所謂的「類神經網路」（artificial neural networks，簡稱ＡＮＮ）技術。梅約診所（Mayo

Clinic）使用ＡＮＮ程式來評估患者是否有心內膜炎（一種心臟感染），更準確的診斷可讓一些病人免受不必要的侵入性治療。奇異公司和醫學人工智慧公司（Artificial Intelligence in Medicine, Inc.），目前都在研發更進步的診斷軟體。

抹片是有效診斷子宮頸癌的方式，一九九〇年代以來就開始使用自動顯影系統來篩檢抹片。影像搜尋軟體會掃描抹片，以尋找異常細胞的跡象。軟體搜尋的速度比人類搜尋迅速許多，但是光靠軟體是不夠的，因為軟體找出的影像仍需要人類做進一步的觀察。

證據顯示，這種「人機合作」的績效，在準確度或速度上都勝過「純人工」檢查。電腦可以用來確認人類的診斷，找出疲累醫生犯的錯誤，並跟上及保存醫學文獻的最新發展。另外，每幾年醫學文獻的數量都會倍增，增加的速度遠非人類所能跟上。儘管科學和醫學不斷進步，誤診仍相當普遍。

當然，完全依賴電腦的形態辨識能力，可能不負責任，因為人類的肉眼可以看出電腦無法辨識的影像錯誤或資料輸入錯誤。但是人機合作的**團隊**比較不會出現電腦那樣的疏失，銷售那些醫學軟體的公司常會要求，電腦的使用必須搭配人工監督。何況，電腦能夠適切地詢問病患問題，或是發現病患說謊或誇大病徵嗎？至少短期內還不可能，所以我們還是需要人機合作。

為了讓人機合作奏效，顯然我們需要很聰明的電腦。但是，如果已經有電腦，也安裝好了，操作電腦的人又需要多專業才能勝任呢？倘若操作者必須是高薪的醫生，這種人機團隊雖然能夠改善醫療結果，但可能很昂貴——目前絕大多數病患還無法接受這個事實。但操作電腦的人未必得是醫生或專家不可，只要熟悉電腦，當電腦出錯時有能力修正錯誤就夠了——這是和醫療截然不同的技巧。雖然他也需要一些醫學、腦部掃描之類的知識，但肯定不需要像知名醫生那樣具備完整的醫療知識。他可能更了解智慧型電腦，知道電腦怎麼運作，以及電腦失靈的樣子。

誰是大家最常諮詢的「醫生」？答案是 Google

目前醫療診斷裡有很多未授權或「灰色地帶」的合作方式。如今在美國，誰是大家最常諮詢的「醫生」？答案是 Google。Google 讓使用者搜尋網路上三十億筆以上的醫療相關文章，你覺得身體不舒服嗎？有數百萬人上 Google 輸入他們的症狀來尋找答案，然後才決定要不要去看醫生、掛急診、服用更多藥物或停藥。不管我們喜不喜歡，其實「電腦醫生」的時代已經來臨了。

使用 Google 作為診斷工具的效果如何？我們還不知道。有多少人知道他們上網搜尋時，要是輸入「代謝症候群 site:edu」會得到更好的搜尋結果？可能不多吧。

澳洲醫師唐漢威（Hangwi Tang）和黃慧勤（Jennifer Hwee Kwoon Ng）仔細研究二十六個病例，並把病例的症狀輸入 Google，結果 Google 正確診斷出其中五八％罹患的病症，其他未正確診斷的病例中，有些是因為描述的症狀不夠明確。此項研究並未將錯誤或誤診結果所可能產生的成本納入考量，所以我們還無法在新的醫療機構中做這種大規模實驗。不過，這個研究結果至少提出了以下的主張：醫療應該要有更正規及授權的合作方式。我們已經有電腦化的醫療設備，顯示出資訊科技迅速普及的力量，接下來的問題是：我們的醫療機器人會有多好，有多可靠？

我們的教育及法規，都需要改變。我們的認證和文憑系統，都還沒跟上人機團隊目前和即將到來的現實狀況，尤其是在醫療方面。

但「診斷」的概念不僅適用於醫療，從企業的管理者到律師、老師、銀行放款員，都有機會將機器智能的這種能力用在工作上。

這是條可怕的路，但能帶領我們走出經濟大停滯

最近我的部落格 MarginalRevolution 出現兩則留言，充分說明了新的職場現況。第一則留言是來自讀者威爾（Wil W）：

我想我們低估了未來五年對「局部ＩＴ勞力」（partial IT labor）的需求。現在職場上愈來愈需要不在ＩＴ領域工作、但具備ＩＴ訓練和能力的員工。這些員工投入ＩＴ工作的時間不會超過二〇％，卻用那二〇％的時間來運用技術，以提升整體事業的生產效益。通常這稱為ＩＴ的分散化，但是它其實和大家在職場上使用的工具比較有關。

試想，裝配線上沒受過電腦訓練或欠缺電腦能力的員工有多少價值，以前我們九九％的時間都在做那樣的事。然而現在電腦在工作流程中所占的比例增加了，即使這些員工的生產力提升了，但他們對公司的價值卻不增反減。

現在，我們想像有一個新來的工作者。他沒有資工系的學位，但受過訓練，電腦能力中上。最重要的是，他在既定的工作流程外也偏好使用電腦，這名新進人員對公司的價值不僅比上面那種勞工高，他的價值還會隨著電腦使用的增加而提升。

我的意思，並不是說教育就是解決問題的答案，但是不管是目前或將來，IT的效益都會延伸到勞力更密集的領域。具備或學習這些IT技巧的勞工，將會獲得較高的薪資（或應該獲得較高的薪資）。

以下是讀者華茲（JWatts）的留言：

我在自動控制產業工作，專業是開發HMI（人機界面），所以你談的那些東西，我有很多的相關經驗。我覺得自動控制產業把美國轉變成高度自動化所做的研發，其實也影響了其他領域。最明顯的例子是自動提款機、超市的自動結帳台，以及速食餐廳裡的圖象化點餐螢幕。

我們極可能認為餐廳裡的點餐螢幕沒什麼大不了，但那其實大幅減少了資源浪費，也節省了人工。它大量減少了點餐錯誤，也加速了整個流程……

欠缺電腦知識的工作者，在美國的現代工廠內已經沒多大價值，現在連拖車司機都在車上擺部電腦。在生產高價值產品的工廠中，電腦數量甚至比勞工人數還多。（生產低價值產品的工廠都消失了，或是正在移出美加地區。）

我懷疑「教育」會是解決問題的答案，因為那是多餘的。會用智慧型手機的員工，就會使用現代的工業電腦。如果你會玩任何策略性電玩，你已經有足夠的能力經營現代的生產線。事實是，現在的社會已經忙著不斷訓練大家提升能力，更多正式的教育不太可能帶來太多助益。

和我共事的操作員都不用知道如何編寫梯形邏輯程式，雖然有些人會寫，也寫得很好。我只要花一半的心力去做事，HMI和PLC（工廠電腦）就應該把流程中重複的部分自動化了。操作員最有價值的貢獻是排解問題，設計良好的系統會讓問題的排解變得很直接簡單。這類工作其實不需要進大學學習，只要懂得在最新的iPhone上做個人化設定就學會了。

以自由式（freestyle）操作智慧型電腦，帶給我們哪些啟示？其實和第二章及第三章勞力市場帶給我們的啟示很類似：

1. 人機團隊是最好的團隊。
2. 操作智慧型電腦的人，不見得是那項任務的專家。
3. 當人的技術未能達到某個重要的層級時，人和電腦組成團隊的效果，比電腦單獨運作還差。
4. 知道自己的能耐，這一點比以前更重要。

我們也可以使用人機合作的概念，來區分哪些是「毫無價值的勞工」（或「零邊際產值」的勞工），哪些是「有潛在價值的勞工」。毫無價值的勞工和電腦合作，會讓最後的結果變糟。有潛在價值的勞工則比較可能改善結果，而且比電腦單獨運作更好。套用經濟學的術語，我們可以說，在如今的勞力市場中，有生產力的勞工和智慧型電腦，是比過去更強大的**互補財**。

這些新又強大的互補財在經濟中創造的效益，為我們鋪出了一條走出大停滯的道路。然而，儘管人機團體有那麼多效益，對許多人來說，那仍是一條可怕的道路。

第6章

別怕失敗，別在乎面子

向電腦學習，它們無所畏懼

愛情，是人類直覺最不管用的領域，有時甚至會被直覺所害。

撇開極端的衝動犯罪不談，我們在找尋伴侶時，總是因為憑著感覺與衝動行事，而走了很多冤枉路。網路交友和它的機器智能改變了規則，但問題是：這會不會只是以另一套新的偏見，來取代原來的錯誤罷了？

現有的網路交友服務，都是使用人工智慧來推薦速配對象，這樣做可以發揮效果，是因為那些選擇往往和個人主動挑選的對象不同。例如，eHarmony 原本是分析每位使用者的幾十個變數，後來變成分析六百個變數（等你讀到我這句話時，可能變數又更多了）。那些變數不僅包括個人資訊，也包括使用者登入系統的頻率，以及他們實際聯繫哪些對象。

當然，這還牽涉到一個問題，很多資料都是使用者自己申報的，他們可能是隨便回答，或為了找到更好的對象而謊報。演算法通常會找類似的人配對，這可能促成雙方最初的見面，但能否促成三十年的幸福婚姻就不得而知了。

目前的軟體尚未能把愛情轉換成可用統計來衡量的演算法。如果我們忽略了對話的韻律和感覺、彼此是否來電、未來幾年和幾十年能否相敬如賓，那就太傻了。不過，交友軟體倒是讓使用者有機會再次評估他們原本略過不看、或完全不列入考量的對象。例如Match.com，就曾經促成一段這樣的戀情。

保守派比自由派……主動！

黑人坎伯利（Cambry）瀏覽時，看到一位美麗的白人女子就住在附近，似乎和他有共同的音樂喜好。他發了一封簡短的電子郵件問候她，一天內就收到凱拉．歐丹妮爾（Karrah O'Daniel）的回信，她是歌劇演唱家。他們第一次約會不太順利，但還是繼續第二次約會，不久就開始交往了。他們後來發現，他們念同一所音樂學校，但從未碰過面。他們喜歡一起演奏李斯特的作品，錄影放上YouTube分享。六個月後，他求婚了。十月一日他們即將在明尼蘇達州的教堂結婚。

就像愛情裡常見的例子，坎伯利喜歡上的女人並非他原本所想的那型。他說：「我沒想到我即將結婚的對象，是來自明尼蘇達州英弗格羅夫高地（Inver Grove Heights）的白人女性。」

坎伯利也和歐丹妮爾原本設定的理想結婚對象不完全相符，她原本想找二十一到二十六歲的男性（坎伯利二十八歲）。根據歐丹妮爾的標準，坎伯利年紀太大了。事實上，他們兩人從未在系統中搜尋過彼此，而是演算法介紹他們認識的。

我們前面已經討論過，西洋棋程式可以打敗人類，但在挑選約會對象這件事情上，電腦程式的功力高低就比較難衡量，也沒有嚴謹的結果可供研究。一對幸福佳偶無法證明電腦是最好的媒人，但這絕不表示我們讓媒人協助就比較好。

不過，如果你是那種優柔寡斷、猶豫不決的人，媒人從旁推一把的效果倒是滿好的。長久以來人類似乎都想多看一些選項再做決定，但你不能老是光用眼睛看卻不行動。老是在電腦上瀏覽資料，夢想著能找到完美伴侶，卻遲遲不肯和任何人約會，是很常見的現象，可是科技不能這樣用，現在最重要的，是利用交友演算法的技術，幫我們發現選擇上是否犯了錯。

我不得不想起我自己在二〇〇三年的經驗。

那時候，還沒有那麼複雜的演算法，我寫電子郵件給一位女性，她的履歷上寫著「政治自由派」（我才不會用同樣的字眼形容自己，我比較偏向自由派和保守派的混合），她一開始不了解我的政治傾向，也許當時她知道了可能會排斥也說不定。我並沒有要誤導她，正好相反，我覺得我的傾向很明確，只是她不這麼認為。但她還是接受我的約會邀約，如今我們已經結婚十幾年了。

換言之，媒介迫使我們之中至少一人（可能兩人都是）把常用的直覺擺一邊，促成互惠的結果。

多年後，當我為這本書進行研究時，讀到以下的資訊：Match.com 的科學家發現，平均而言，保守派比自由派更有意願主動發信給對方。所以，如果一個保守派的會員曾發信給許多自由派，程式會推薦更多的自由派給他。如果你是保守派，很可能不明白為什麼系統經常主動推薦自由派的對象給你，但實際上，這種配對技巧的成功機率很高。

我們願意學習如何透過電腦尋找愛情嗎？一位紐約女性態度很堅定地說：「Match.com的演算法應該要知道我不想和紐澤西的四十五歲男人交往。」話雖如此，當電腦推薦一位四十二歲的堪薩斯州男子給她時，她會有什麼反應呢？這就有待觀察了。

我們在追尋愛情和長期的伴侶關係時，通常會迴避一些不熟悉的麻煩。我們常推崇彼此的共通點，迴避差異所衍生的複雜狀況。這是機器智能可以幫我們跨越的領域，因為，電腦一點也不怕生。

決策——電腦不像人類，它們對任何狀況都毫無畏懼

或許電腦西洋棋的最大貢獻是，它讓我們看到解題時的認知深度。好用的程式有一種特質，叫做「趨避輕蔑」（contempt aversion）。這項特質促使程式避免和棋，主動去尋找不熟悉的狀況。更重要的是，程式不像人類，它們對任何狀況都毫無畏懼。當兩個強大的程式對弈時，往往你只會看到很複雜的狀況。許多電腦遊戲會走違背常理的棋步和模式，有時候

整個棋盤感覺很亂——為什麼那麼多士兵往前衝？為什麼有那麼多犧牲的士兵？騎士在棋盤邊做什麼？為什麼有那麼多棋子同時都有被吃掉的危機？棋手是不是失控了？這是哪門子的走法？我不是那樣下棋的！

我們長久以來，一直想克服偏見或偏誤（例如朝熟悉方向發展的天性）：我們會高估自己對事件的影響力，做決策時太偏重某份資訊。這還只是多種人為錯誤和偏誤之一，我前陣子查資料時發現，維基百科上列出的認知偏誤，多達四十八種。

問題是，在衡量一個人的偏見時，我們真的**確定**研究是正確的、個人選擇是錯誤的嗎？拿我來說，我有很多怪癖，但我覺得這些怪癖對我的幫助還滿大的。對觀察敏銳的研究者來說，當他看到我家裡到處堆著書時，可能會無法理解，但我覺得那是整理資訊及追蹤書籍的有效方法。也許我是對的，也許老是要我把書整理好的妻子是對的，但更有可能，我們永遠無從知道誰對誰錯。

在更有系統的研究裡，我們也看到類似的困境。

還記得「一鳥在手勝於二鳥在林」這句老話嗎？經濟學家往往認為，把「已經擁有的物品」看得比「可能獲得的物品」還重要，是一種「偏誤」，亦即所謂的「稟賦效應」（endowment effect）。但儘管這種心態是不理性的，那正是我們忠於朋友和家人的原因——也許，真正的忠誠本來就是不理性的。在那種情況下，稟賦效應可能是帶來美好生活的特質，而不是一種不理性的徵象。

經濟學家探索人類的理性時，常過於依賴一些武斷的規定，這些規定通常是以模式來規範「什麼是理性、什麼不是理性」。經濟學家可能寫下某些數學化的原則，接著發現人類行為不符合那些原則。但是那些原則真的有資格拿來解決複雜又多面向的人類問題嗎？畢竟在這個領域裡，有大量研究都無法令人信服，無論研究者有多麼厲害。

一場研究人類智慧的精采實驗

從電腦的角度來看人類下棋，能如何幫助我們了解未來呢？

我們來看一些有創意的研究者。首先來看的是肯．瑞根（Ken Regan），瑞根教授和我是兒時的朋友，我們曾是同一個西洋棋隊的夥伴，一起參加在紐澤西州大西洋城舉行的美國隊冠軍賽。我從十五歲以後就沒再見過他了，直到最近我們才再次相逢。在西洋棋冠軍鮑比・菲舍爾（Bobby Fischer）之後出現的美國天才棋童中，瑞根可說是最有創意的一位。他的罕見棋法經常出乎對手意料之外，他擅長以複雜又優美的棋步在棋盤上穿梭，驗證其他玩家認為不值得考慮的走法。

每個人都知道，看瑞根比賽會看到有趣的東西，也許看完還會很頭痛。不過，瑞根二十二歲時放棄職業西洋棋手之路，把焦點轉向數學，從牛津大學取得數學博士學位。他目前在紐約州立大學水牛城分校擔任資工系教授，職業生涯有大半的歲月都在研究數學中著名的「P vs. NP」難題，那也是運算中尚未破解的一大問題。簡言之，所謂「P vs. NP」難題要問的是：原則上，從頭找解決方案，是否比驗證手邊的潛在方案更難？

二〇〇六年，瑞根看到電腦程式日益精良，對程式可能產生的資料感到好奇，所以又把焦點轉回西洋棋上。二〇〇六年起，他開始從西洋棋的歷史建構資料庫，主要焦點是放在頂尖棋手，但也涵蓋許多級數較低的棋手。他把每局比賽都納入他的程式中，要求「雷布卡」分析每一盤棋，並評估每位玩家的高明棋步和錯誤棋步。這是一場研究人類智慧的精采實驗，由於這種關於「人類選擇」的資料品質很高，讓我們有難得的機會洞悉智力的表現，看人類究竟哪些判斷是對的，哪些是錯的。

瑞根用來判斷人類下西洋棋的決策，使用的不是經濟模型和衡量標準，而是使用雷布卡。在下棋過程中，雷布卡會建議比較有利的走法，也會計算替代走法會使棋手失去多少優勢。針對每位棋手的每盤棋或每場比賽，瑞根都可以算出那個棋手的走法依循雷布卡建議的比例，以及那個棋手的平均錯誤有多大（也是相對於雷布卡的建議來看）。

西洋棋比賽的獎金通常很多，比賽的勝負也決定了未來的獎金以及其他的職業晉升機會。自尊、聲譽、級數是激勵大家爭取優勝的進一步誘因，這些西洋棋手個個經驗老到，可說是人類智慧表現的極致。

瑞根尚未發表研究結果，部分原因在於他仍在蒐集比賽及彙整額外的資料。不過，他的調查已經出現一些模式。我去水牛城造訪他，他讓我看他怎麼用電腦做測試並說明一些結果。

智慧型電腦可以精確地衡量人類的表現

首先，瑞根對於人類決策的整體可靠性印象深刻，雷布卡當然比人類擅長西洋棋，但人類的高明棋步和錯誤棋步，都會呈現可理解的規律模式。人類犯的錯誤都是合理的，有條理可循。在下棋之外，這些棋手也會做愛情和事業上的決策，也需要決定該買哪台新車。從資料呈現的模式看來，他們的決策不會出人意料。

例如，這些棋手在關鍵時刻，表現最出色。當局勢緊繃時，最不可能犯大錯。事實上，棋手在稍居劣勢時的表現最好。當棋手穩贏或穩輸時，似乎就沒那麼專注了——這也是一種人類理性的表現。

瑞根做這些調查以前，原本預期這個實驗可以為塔雷伯（Nassim Taleb）的「黑天鵝效應」找到證據，也就是說，他預期很多錯誤是突發的。但事實上，他令人驚訝的發現是：「黑天鵝」錯誤在棋局最後的結果中幾乎無足輕重。多數比賽是由優勢的累積決定，從棋手的相對棋藝，就可以大致預測出犯錯的大小。瑞根發現，即使級數只有一六〇〇的玩家（相當於多數城市的中級棋手）也是如此。（他還沒看等級更低的棋手比賽結果。）

另外，棋手也有一貫的下棋風格。例如，二〇〇二到〇七年的世界棋王克拉姆尼克（Vladimir Kramnik）下棋時，相對於電腦的建議，他的精確度特別高，預期錯誤極低（這裡是指對人類來說）。不過，克拉姆尼克下棋時，不會給對手太多的難題。他不會導致對方大量犯錯，不會粉碎對方的自尊，也不會讓對方陷入難解的複雜情境而表現失常和崩潰。跟克拉姆尼克對弈時，要下得好並不是那麼難，他會用很多長期的策略性棋步，來營造平靜的狀態。

在瑞根的資料庫中，最「棘手」的玩家通常會讓對手的犯錯率高出平均值，神童馬格努斯・卡爾森（Magnus Carlsen）是「棘手度」最高的玩家。如果你和卡爾森對弈，你比較可能犯大錯，因為棋局很快就會變成複雜的地雷區。

瑞根可能看起來像典型的資工系怪咖教授，但他就像一些自由棋的棋手，正為智慧型電腦開創新的時代。瑞根除了得出具體的結果以外，也做了一些對社會影響深遠的研究。他的研究顯示，智慧型電腦可以精確地衡量人類的表現。試想，要是我們有個類似的系統可以衡量醫生的醫療品質，會是什麼樣子？

人類花太多時間，思考自己的決定「看起來是否高明」

雷布卡的程式開發者萊利赫，對於我們從西洋棋程式中得到的結論，提出比較悲觀的看法。他認為，西洋棋展現了一個驚人的事實：人類要下得好，很難。程式蒐集的結果顯示，人類的錯誤走法相當多。瑞根的研究顯示，頂尖大師只有在表現非常卓越時，才能媲美雷布卡，他們平時的表現能達到雷布卡建議的五五％就已經很厲害了。

萊利赫強調，人類經常犯錯，難以維持客觀，難以保持專心，難以確切衡量多種變化。他講的，可不是一般業餘的棋手，而是頂尖大師。「我很訝異他們距離完美還那麼遙遠。」早期，這些大師在觀棋大眾的眼中帶有某種光環，但是進入程式時代以後，頂尖大師就不像以前那樣備受推崇了。

世界級的大師和一般祺藝社的專家對弈時，大師看起來所向無敵。世界級的玩家確實會挑選許多很高明的棋步，在某個時點，他的優越地位會開始「自己下了起來」，贏棋變成水到渠成。然而，當同一位世界級大師挑戰雪雷德程式時，反而像個倒楣的傻蛋似的，必須非常謹慎小心才能控制局勢。這兩盤棋都是同一個人下的，兩者的差別（我們覺得前者展現優越的人類智慧，後者是現實狀況）是程式帶給我們的重要啟示。

那又怎樣？心理學和行為經濟學不是已經發表過數千篇文章，說明人類觀感和決策能力的主要缺點了嗎？丹尼爾・康納曼（Daniel Kahneman）、丹・艾瑞利（Dan Ariely）和許多學者都發表過這類研究。我們不是也都聽過凱斯・桑思坦（Cass R. Sunstein）和理查・塞勒

（Richard Thaler）精采陳述的「推力」（nudge）了嗎？在那種世界觀中，專家知道其他決策者的偏見，並設計選擇架構來操縱更好的人類選擇，例如改變你加入退休金計畫的預設選項。

沒錯，但是西洋棋的結果不一樣。電腦西洋棋是展現一些世界級專家的不完美，又或者，你可以說，它是指出其他的情境中，推動者（nudger）本身的不完美。

即使是全世界最優異的棋手，接受過數十年的理性訓練以競爭高額獎金，又從數百年人類下棋的歷史中擷取經驗，但他們的直覺依舊會失誤。最大的問題不在於嚴重失誤，而在於人類花太多時間思考那些棋步「看起來是否高明」。我們最應該懷疑的，正是我們深思熟慮的理性判斷。

放棄我們對直覺的過度依賴，贏率就會上升

西洋棋裡還有一個偏誤，是我們現在可以衡量的。派翠克．葛蘭斯馬克（Patrik Gränsmark）、克利斯特．格迪斯（Christer Gerdes）、安娜．卓瑞伯（Anna Dreber）等瑞典的研究人員，使用實際的西洋棋比賽證明，男性棋手比較急躁，女性棋手比較容易花太多的時間思

考。研究人員也發現，女性棋手比較趨避風險，這和金融界的投資行為及投資組合研究的結果是一致的。他們的研究也顯示，想讓男性棋手冒更大的風險，只要讓他們和有魅力的女性棋手對弈就好了。如此一來，男性棋手的冒險和積極度都會上升，但贏棋的機率不見得上升。

並不是西洋棋界發生的所有狀況都可以套用到其他領域，但研究結果指出了認知研究的未來。我們可以從更多地方獲得更可靠的資料，而智慧型電腦可以幫我們蒐集和分析資料。研究西洋棋可以帶我們一窺機器智能對人性的科學研究及國民生產毛額（GNP）的貢獻。

儘管我們會走錯步——無論是下棋或談戀愛——但好消息是，我們可以學習及扭轉我們對直覺的過度依賴。

瑞根的研究結果顯示，歷代高手的棋藝不斷地進步。一九七〇年前還沒開始算西洋棋的級數，但瑞根比較早期西洋棋大師和雷布卡的逐步建議，建構出資料序列。以一八五〇年代的美國棋王保羅．莫菲（Paul Morphy）為例，他算出來的級數是二三〇〇，這在目前的美國比賽中還擠不進百大排名，更別說是全世界了。莫菲的棋藝可能還不及今天的瑞根，我小時候學西洋棋時，還把莫菲當成偶像（他的最佳棋局代代流傳）。但是相較之下，莫菲的棋藝大概和我十五歲時差不多，這點始終讓我難以想像。

現代的西洋棋手變得愈來愈像電腦了，頂尖大師比以前更容易實驗「奧步」，或至少可以做進一步的研究，因為他們現在知道比賽更容易出現奧步。瑞根表示，現在西洋棋手比較可能了解犧牲棋步的長遠價值，比較願意做那樣的犧牲，即使犧牲的報酬還很模糊、不具體。現在人類棋手比較可能了解，何時可以把國王放在明顯暴露的位置，這也是因為他們和電腦玩過了（萊利赫稱這招為「入堡」——把國王移到馬上安全的地方——亦即「偷吃步」）。我們發現很多開局方式並不可靠（也發現如何擊破它們），還有很多開局方式的效果被低估了。

總之，電腦顛覆了我們對遊戲的理解。除此之外，機器智能還會顛覆什麼呢？

不只西洋棋手的智慧提升而已，很多文獻都提到：群眾的智慧可能也普遍提升了。我們的平均智商成績已持續上升數十年了，每十年約上升三點，這就是所謂的「弗林效應」（Flynn Effect）。當然，我們不知道其中有多少人的智慧是真的提升，有多少只是變得比較會考試罷了，但沒差，就算只是比較會考試，也仍是一種認知的改善。

另外，女性西洋棋手的迅速進步，也帶來了更多的好消息。菲舍爾曾開過一個有名的玩笑：他和任何女性下棋時，都可以一開始就讓她一個騎士。儘管這種傲慢的說法從來都不是真的，但女性鮮少擠進前幾名仍是西洋棋界的尷尬，直到最近才有改變。現在，突然間變了，女性的棋藝突飛猛進。朱迪・波爾加（Judit Polgar）已蟬聯全球前十名好一段時間，每位男性西洋棋大師都對她的進攻實力敬畏有加。長期來看，女性的棋藝逐漸和男性相當，參賽的女性也大量增加（包括職業比賽），中國和印度的女性棋手實力特別堅強。今天的人類，可以學習與開發過去認為遙不可及的能力。

人類太容易預測，要學會用電腦的角度布局

瑞根對葛里徐克（Sergey Grischuk）和克拉姆尼克的對弈，特別感興趣。那是二〇〇七年在墨西哥市舉行的知名比賽，瑞根使用西洋棋程式，試圖算出葛里徐克是否在比賽接近尾聲時贏面較大。結果，他為了那個問題花了「大半年」的時間，在家裡的個人電腦上試過十兆以上的走法（他家的孩子一直被告誡不要亂碰電腦螢幕上開啟的視窗）。他得出的檔案，約是五百頁的分析報告。

最後判斷的結果如何呢？他發現，其實當克拉姆尼克採用一個相當高明又微妙的布局

時，是可以逼和的。瑞根使用弗利茲（他覺得那是探索棋局最後階段的最佳程式）來徹底了解克拉姆尼克的布局，我要講的重點是：他需要做那樣深入的分析，才能了解到這是單一比賽中唯一可行的布局。

在認知的層級上，這種意想不到的深入程度，也是個令人不安的結果。這顯示人類喜歡過度簡化事物，即使是在運用最高智慧、競爭最激烈的情況下也是如此。我們喜歡簡單迅速的答案，刻意迴避智慧上的雜亂。即使你不認為每個人都是這樣，但其實很多最聰明、最善於分析的人都是這樣——包括優秀的西洋棋手在內。

這對我們——尤其在職場上——來說，意味著什麼呢？

1. 人類的優缺點出奇的規律，而且也是可預測的。
2. 對於精練和直觀的理論，應該抱持懷疑態度。
3. 想要跳脫直覺反應比你想的還難。
4. 盡與地享受雜亂感。
5. 人類是可以學習的。

目前的世界棋王維許・阿南德（Vishy Anand）曾說：「我們做的每個決定，你都可以感受到背後有電腦的影響。」卡斯帕洛夫說：「現在每個人都從電腦的角度來看布局。」

| 第7章 |

No，我們不要一個被電腦主宰的世界

有些事，模糊一點比較好

新職場的大挑戰之一，就是：如何因應這個「為了讓電腦順利運作」而設計的世界。

去年，我必須打電話給有線電視公司卡克斯（Cox），請他們來修線路，因為暴風雨來襲，把天線吹倒了。

你可能已經想像得到，我報修的過程是怎麼回事了。過去，你撥一個服務電話，就有人接聽，你把問題告訴對方，然後對方會回應你的詢問，或是幫你轉接到另一線，接著你就和另一個聲音對話。如今，你得先通過電話語音提供給你的層層選單：您需要什麼服務？然後那個問題又分成好幾個細項，要求我按幾個不同的按鈕，每按一個鈕，又會出現更多的選項。你一邊等候語音講完，一邊分心去瀏覽電腦螢幕，結果就忘了該按哪個按鈕，只好又重聽一遍某個選單。要是運氣不好的話，可能所有的選單都需要重聽一次。

我得先輸入十碼的電話號碼——即使我明明就已經用這支電話撥號了，而且門號就屬於這家公司的——以及郵遞區號和四碼的密碼，幸好我還記得密碼（你有幾個密碼？），接著我需要輸入地址的前四個字母。

即使這些資料都輸入了，我還是無法達成目的，語音系統提供我的，全是和「修線路」無關的選項。我失去耐性，不想再選按鈕了，直接大喊「接線生」。

終於，我可以跟某人對話了，但他不是我所需要的線路修理專家，只是一般接線生。我必須再次提供一些基本資料，例如家裡的住址等，幸好，他至少告訴我，隔天早上八點到十點之間會有人來修理。我熬過了這次報修的經驗，隔天線路也修好了。

類似的經驗，我們大都經歷過。但這只是開始而已，你的周遭環境——亦即生活的「說明功能選單」（help menu）——將會變得更簡化、更蠢，有時也更惱人。就算你是年薪上百萬美元的律師，以後都得花更多的時間按那些按鈕，自己搞定企業不想再做的部分「工作」——你還以為花錢的是大爺嗎？

你可能最後和我一樣氣惱，但是這些自動化系統能降低企業的成本，長期而言，也可以為顧客帶來更低的價格。然而，這些電腦還是需要你來操作才行，也就是說，**身為顧客的你，現在得是整套服務流程中的一部分**。

有一種看待這類現代職場困境的概念，稱為「自助」。今天，文書處理或服務人員不僅需要和智慧型電腦及海外的勞工競爭工作，也需要和顧客搶工作。

你可能會納悶，這些工作怎麼不交給員工來做，而是叫顧客自己做呢？既然這個世界變得更富裕、科技更進步了，為什麼你身為顧客，還必須那麼辛苦？

這主要是因為，雇用勞工的「固定成本」（例如福利、健保和培訓成本）節節攀升，如果這項工作不是那麼重要，如果從事這份工作的員工經常處於閒置狀態，或是需要和顧客經過很冗長互動才能幫助顧客，那麼，或許把這項任務移交給顧客自己來做，是比較合理的——當然，先決條件是：顧客必須會與電腦「共事」。

有時候，公司用電腦來協助你時，任務反而變得更難，或是讓人更加氣惱。但這不表示使用電腦對你來說比較糟，但你通常會「覺得」比較糟，因為新系統的好處通常是無形的，但是代價往往是由你直接承擔。

電腦的確比人工精準，但人類還是喜歡模糊點的世界

我們再來看一下衛星導航系統（GPS），這類裝置似乎很普及了，但遺憾的是，它們的效能還不是很好。光是這個簡單的事實，就足以充分顯示我們的服務業未來的發展方向。二〇一一年，GPS的全球銷量已逾四千兩百萬台，到了二〇一四年會有超過十億台的智慧型手機內建GPS系統。那是很大的成長市場，所以你可能會預期，GPS系統的效能應該很成熟了。

但事實上，儘管這個市場看起來利潤豐厚，GPS系統使用起來依舊令人氣惱。我也用了一個，主要是為了研究，也是因為我妻子想用——好吧，有時候它們確實很棒，但有時候真的會氣死人。

先講優點，我確實因為用了GPS，而發現一些以前從未想過的路線，我已經住在維吉尼亞州北部快三十年了，要不是有了GPS，根本就不知道還有這些捷徑。就像弗利茲和雷布卡程式，GPS系統改變了我對一些事物的成見。

但話說回來，GPS用在圓環或複雜的路口時，效果就沒那麼好了。哪個時候該「左

轉」，指示完全不明確，很可能也有危險。GPS不太明白調頭回轉的概念，有時候它犯了錯，也不見得會指引你回到正確的路上，我就曾經跟著GPS的指示在某區不斷繞圈子。而且如果你輸入錯誤或不完整的地址時，GPS也無法因應。我們聽過有報導說（雖然不知道真假），GPS導致上萬起意外事故，例如讓人誤把車子停在鐵軌上、逆向行駛單行道，或涉入淹水區等等。有時，GPS會導致我們迷路，那充滿權威感的聲音還會促使我們去做傻事，或許我們不夠理性，不知道何時該把指示當成耳邊風。它也可能讓駕駛人變得更魯莽，因為駕駛人明明應該調頭回轉或挑選不同的目的地，它卻引導駕駛人開進小巷道。我妻子的表弟住在以色列，他說GPS很容易帶你進入非常危險的地區。但說句公道話，儘管有以上狀況，GPS又曾幫助駕駛人避免了多少事故呢？

當然，雷布卡幾乎不會犯下GPS的這些錯誤，但這不是因為GPS的設計師和工程師比較差勁，而是因為雷布卡有比較明確、更好控制的環境。棋盤的「道路」是固定不變的，棋子永遠照著既定的規則移動，不可能出現什麼臨時狀況（例如修路等），或是有令人混淆、指示不明的交通號誌。總之，GPS失靈，是因為人類還沒完全消除環境的複雜度所造成的。

如果你想在西洋棋中打敗電腦，其實有個非常簡單的方法，就是：讓電腦自己移動實體的棋子。不管程式再怎麼厲害，由電腦驅動的機器人仍然很難把實體的棋子正確地擺好。二〇一一年在舊金山舉辦的產業大會上，他們嘗試讓一批機器人移動棋子，結果發現，機器人的視覺系統不是讀錯棋步，就是認錯棋子，或是誤判棋子的位置，導致機器人下了錯誤的棋步。複雜的環境——亦即所謂的「現實世界」（即使是真實的棋盤）——對電腦來說，太困難了。

我們可能把環境簡化，簡化到像棋盤一樣嗎？當然，GPS會進化、會更新，效果變得更好，以後我們也能處理較複雜的環境。問題在於：人類不見得喜歡這麼明確的指示。

我們通常比較喜歡那種模糊一點、而非什麼事都一板一眼的世界。比如說，你會希望打電話給有線電視公司時，是以一般的語言向接線生說明問題所在。就像很多老公在開車時，已習慣聽到另一半說：「我覺得你等一下應該轉彎耶，可能就在這附近，你覺得呢？」這類說法一次講了很多訊息，但其實跟沒講一樣。

也就是說，整體而言「更精準」的服務是一種進步沒錯，但是當我們被迫活在這麼精準的世界時，卻可能會反而變得不耐煩，會覺得自主權遭到剝奪，我們會想直接大喊「找個人來接電話！」以脫離這樣的世界。

認命吧，將來我們永遠都得學習新事物、下載新軟體……

AK-47突擊步槍是目前全球人氣最夯的槍枝，光是這一點，就可以讓我們發現：人類其實並不怎麼需要「完美」的東西，只要「好用」就夠了。

AK-47步槍不是技術最先進的武器，也不是火力最強大的，但這種槍很容易射擊、上膛，也很好修理。所以這款槍有個大問題，就是當你把它交給一個小孩，很容易變成致命武器（在世界各地的內戰常看到這種情況）。

同樣道理，微軟的WORD之所以成功，是因為容易使用，而不是因為它是最好的選擇。

還有自動櫃員機（ATM）也是，雖然當它吃掉你的金融卡時，會讓你氣個半死，但ATM早就以很好的效率，取代了許多銀行櫃員的功能，我們也習慣了這種改變。還有自助加油站，現在幾乎不必雇用什麼人力，而我們加油也確實方便多了——代價是：現在當你的車子出狀況時，再也不能把車子開到加油站請人幫忙處理。我們之所以能做這樣的取捨，一來是汽車不像以前那樣經常故障，二來手機也幫了大忙，現在車子故障時，只要打一通電話回家或打到美國汽車協會或拖車公司就行了。

我家附近如今有愈來愈多的超市，使用自助結帳櫃檯，因此排隊結帳的人少了。但如果你不想自助結帳，就必須忍受排隊人龍，因為店裡的收銀員變少了，你比過去更難找到人問櫻桃乾放在哪裡。

長遠來看，照理說食物將因此變得更便宜，因為超市不必付那麼多收銀員的薪水。但你可以到美國超市去試試：選一種小青椒，結帳時你必須先記住青椒的正確名稱，才能找出正確的代碼輸入（而我甚至連得在哪裡輸入代碼都搞不清楚）。最後，你很可能乾脆放棄不買青椒了。這也就是為什麼，我這個經濟學教授去自助式超市時，拒買任何需要秤重、記住名稱或需要我自己動手計算的東西，我只買完全標準化的產品，比如罐裝豆子及塑膠瓶裝的葡萄柚汁。

就像前面提過的多數問題一樣，這個問題總有一天會解決：電腦統統能代勞。我只要把青椒刷過鏡頭，電腦就會自動辨認青椒的種類。

有一天，當愈來愈多的人與電腦互動時，是採用自然語音（亦即類似 Siri 模式），真正的方便性就來了。以後我可以走進家裡，直接對著感應器說：「卡克斯公司，我到家了，有些線路垮了，正低垂在樹枝上，請讓我知道何時可以派人來修理。」報修完畢，就那麼簡單！

然而，也不要因此就預期所有惱人的事物都會從此消失。本書強調的其中一個重要論點就是，天才型電腦的到來，不會是一次到位，而是會以忽快忽慢、充滿波折的方式到來。在可預見的未來，你永遠都在學習新的事物、重新編寫東西、下載新軟體，這一切，都是為了讓你和這些新的科技之間，能產生更理想的互動。

你會給你的醫生、教授、律師打幾分？

西洋棋手的級數，可以用來精準地預測棋手的表現——當然，神童（他們的棋藝進步神速）以及身體健康突然出狀況的棋手除外。我們之所以會知道西洋棋手的功力高下，正是因為每個棋手都有個級數——「陽光太刺眼」可不能太常拿來當輸棋的藉口。

我們可以預期，這種「賦予級數」的做法會日益普及到其他領域，最可能的下一步，就是雇用人力來操作一種可以評估人力績效的聰明機器。這裡指的「人力」，可不是一般工廠的工人，而是指那些擁有專業技術的專業人士，也就是我們所仰賴的那些專家——醫生、律師、教授等等。

我問過瑞根，是否曾經想過將他的研究方法（亦即使用雷布卡程式來判斷西洋棋手棋藝的優劣），拿來評估人類在其他領域的表現。他說，在他看來，跟西洋棋專家相比，一般人的認知表現級數大概是一六〇〇～一八〇〇，而一般ＩＴ工程師的級數稍高，大約是二〇〇〇，大致上和不錯的棋藝社會員差不多。至於新聞撰稿方面，他評估一般記者的級數大約是一五〇〇。

當然，瑞根是在開玩笑，但他這樣說挺有道理的。

這裡要講的重點是：電腦除了以較低的成本生產商品和提供服務，也能夠幫助我們改善專業的服務品質。多數的專業人士——尤其是高價格的服務——遲早可以被人們打分數，就像我們今天常見的給餐廳評分的方式。

比方說，一個律師的服務與收費是否合理，我們可以問問口袋裡的智慧型手機：這位律師是哪個法學院畢業的、學業成績如何、有哪些重要成就等等，然後手機上也許還會顯示評分，例如：「根據以上資訊顯示，這位律師表現只有約二七％。」

分數較好的律師，會傾向公開自己的辯護績效、輸贏紀錄、人脈分析、辯護狀摘要，讓電腦分析更精確地評估他的專業素質。Siri 會告訴你：「這位律師寫辯護狀的能力名列同儕的倒數二〇%，所以他接的企業案子績效只有三八%。」但是，表現比較差的律師很可能會拒絕被評價，一來是因為參加評價系統需要花錢，二來也是想避免萬一評價太低，壞了名聲，讓他們更難吸引有錢及教育程度好的顧客。

但就像你打開美國每週五的報紙電影版，有時候會看到「本報截稿之際，片商謝絕影評人觀賞」這行字。這通常意味著：顯然這是部爛片，才不敢讓影評人先看。雖然還是有人會去看這類爛電影，但去看的人通常是消息不靈通的消費者，或是純粹想看芭樂片打發時間的觀眾。同樣的道理，多數專業人士遲早必須接受公開評價，否則倘若不願接受評價，就只能服務比較低階及消息不靈通的消費者了。

一個消費者高高在上的世界？

這樣的發展，到底對窮人有益，還是有害？

先來談談這種評價系統的缺點：由於大家都會去查公開的評價，因此績效好的人可以收取較高的費用，這樣一來，的確會讓窮人更難找到便宜的好醫生或好律師。不過另一方面，這種評價系統的優點，則會逼專業人士們在價格與品質上更積極競爭。如果你是評價排在倒數三分之一的醫生，你通常必須降價才有競爭力——這就對窮人有益了，他們可能本來就找不起最好的醫生，但現在卻能避開最爛的醫生了。

我們也可以想像，將來也許會有一種「問診態度惡劣與否」的評價。這樣一來，有些醫生的醫術雖好，但可能會因為態度差而只能採取較低收費，我們就能花較少的錢找他們看病。將來有一天當窮人真正需要好律師或好醫生時，才能將過去省下的錢，用來付高價費用，而不會付了高價卻換來欠佳的服務（其實這正是目前很常見的現象）。

我認為，窮人極有可能是這種績效評價系統的最大贏家。因為，受過良好教育又有錢的人，早就有很好的管道找優秀的專業人才為他們服務，他們只要問一下好友、捐錢給地方醫院、依賴人脈，就能做到。新的評價制度雖然不能讓大家有同樣的消費力，但可以讓資訊平衡，對多數的消費者來說，應該是好的。當然，專業人士可能會搶簡單的案子來提升自己的評價，例如把垂死的病人拒於門外。不過，評價的產生並不是全看醫生、律師或老師處理的案子而定，而是看案子、病人或其他任務符合標準化公式的程度而定，換言之，智慧型電腦可以用比較公平的方式來衡量素質。

有些專業人士會接受這樣的挑戰，有些可能會排斥。但無論如何，以後的醫生、律師、老師，將會失去許多光環，他們得期盼病患給他們較好的評價，就算是最頂尖的也一樣。最後，我們會看到專業人士變得更親民，少了囂張的氣焰。例如，多數醫生和業內頂尖高手相比，可能會淪為B咖、C咖或更差，你也將不會再像過去那樣對他們畢恭畢敬。就連「很好」的醫生，你也可能覺得他和在二流大學裡坐冷板凳的三流球員差不多。

當消費者覺得自己高高在上時，那會是一個非常不一樣的世界。

就某些方面來說，這也會變得比較危險，因為消費者不見得知道自己在幹嘛。比方說，在醫療過程中，有很多問題是與病人自己行為有關的，例如患者不乖乖服藥、不運動、不改變飲食習慣等等，即便是在今天這個醫生仍有強烈神祕感的世界，醫生的忠告還是常被當成耳邊風。等到醫生會被評價系統打分數，病人們可能就更藐視他們，更不可能聽取他們的意見了。

或者，通常當一個被告想辯稱「無罪」，有經驗的律師未必同意，反而可能會建議他認罪或庭外和解，到時候，遇到這種情況的客戶可能會毫不留情地對律師大吼：「你只是個後段班的爛律師啊！」這一來，醫生和律師會比較難給我們正確的建議，因為我們會更習慣以高於他們的姿態來看待他們。就像如果我加上雷布卡的組合來對抗棋王卡斯帕洛夫，我可能也會贏得飄飄然，即使我只是依循雷布卡的指示逐步下棋而已。

今天是你給別人評分，未來人家會倒過來評價你！

我前面提到的，是病患給醫生評價，但其實未來的醫生也可以倒過來給病患評價。比如說，醫生可以根據病人遵循醫生囑咐的程度，來幫病患打分數——不難想像，有多少醫生願意治療那種老是不遵照醫囑乖乖服藥的病患？未來，我們可能會看到醫生拒看那種病人，或是提高收費，或是把他們排在最後才看診。

你可能聽過FICO分數，那是美國的信貸評分。創造FICO分數的費埃哲公司（Fair Isaac Corporation），目前正在開發「用藥遵從度評分」（Medication Adherence Score）。該公司不願透露分數背後的細節，但這個評分是使用某些變數（例如某人住在某地多久、是否有車等等）來衡量病人遵守醫囑的可能。目前的計畫是運用這個資訊，寄送電子郵件給患者，提醒患者服藥，但這些數字最後當然也可以衍生出多種用途。

醫生可能會拒收配合度最糟的病患，以免浪費時間，避免失望，也保障自己的績效評價。但也不盡然，因為可能有些醫生就專挑這些配合度糟、最不負責的病人，盡可能加以醫治。

你可能會問：身為醫生，可以這樣嗎？你我的醫療紀錄，難道不是應該受到保障的隱私權嗎？

無論你喜不喜歡，未來你醫病時的表現如何，都會是公開資訊，就像今天你的信用評等一樣。即使你真的可以禁止醫生取得你的「醫病表現」評分，醫生們當然可以理所當然地假設，你的「不揭露」，意味著你可能是那種不負責任的病患。

未來，我們還可能發展出一種「奧客指數」。企業可以利用這個指數，再加上臉部辨識及步態辨識技術，來研判哪些人是奧客。例如當某個顧客走近百貨公司賣鞋區時，店員可能會在手機上接到一則訊息：「（這人是）提姆．布萊恩，買東西速度很快，不會浪費你的時間。」或者，手機上會顯示：「（這人是）蘇珊．波耶，過去兩年退了三分之一購買的東西，還申訴售貨員兩次。」總之，將來顧客也必須面對自己所打造的聲譽。

美國大型徵信業者艾可飛（Equifax）正在研究一種「自由消費指數」（Discretionary Spending Index），這個指數能顯示出一個消費者口袋裡有「額外可花的錢」的機率有多少。他們的目標之一，是把這樣的資訊賣給廣告商和ＤＭ業者。

但我們可以想像，在這個智慧型電腦的時代，這個指數勢必會被更廣泛運用。例如目前已經有六〇％的美國雇主，在決定是否雇用某位員工之前，會先檢查對方的信用評分——這已經在發生，不是什麼遙遠未來的科幻世界。未來許多單身男女在接受約會邀請之前，可能也會想先查一下對方的「自由消費」潛力。

什麼都仰賴電腦，人類行為會更不道德嗎？

不過，瑞根擔心的一點是：隨著我們衡量與評估績效的能力持續增加，對一個人的職業生涯會帶來什麼樣的衝擊？

舉例來說，假設他利用手上的資料，回頭建立一個棋手們過去比賽的模型，然後預測棋手們未來的潛力。接著有位年輕棋手來找他，問說是否該把工作辭掉，專心轉為職業棋手，或是繼續乖乖上班就好，他該怎麼回應？

也許瑞根知道答案（當然是配合電腦分析才知道），但他應該根據電腦的分析提供建議嗎？贊成的人可能會說：他應該直截了當地提供建議——畢竟，我們本來就是運用各種資訊來判斷可能的生涯出路，也是利用同樣的方式來為他人提供生涯建議的，不是嗎？

但反對的人會說：知道太多，也許反而會扼殺了未來可能的成就。例如，假設愛因斯坦五歲時，有人用電腦來評估他的未來成就，但問題是，愛因斯坦到五歲還不會說話，電腦如何能預測出他將來會變成偉大科學家的機率？又或者，如果有人從小就被一再告知，他是萬中選一的天才，這位未來的新星會不會反而被各種課程給累死呢？**對年輕人來說，或許未來有點朦朧感還是比較好，日後我們也許會懷念今天我們所享有的朦朧美。**

馮內果（Kurt Vonnegut）在一九五二年出版的預言式小說《自動鋼琴》（*Player Piano*）裡，談到未來發展方向時，就曾在書中提出擔憂：

> 我認為公開每個人的智商，是個嚴重的錯誤。聰明的革命分子會做的第一件事，就是消滅所有智商超過一一〇的人……輕易地畫出人與人之間的界線，肯定會釀成階級戰爭。

透過馮內果筆下萊雪（Lasher）這個角色，我們可以看得更清楚，到底是哪種人能夠在這種精確評價的新世界裡過得最好：聰明的人，而且是擁有某種「特殊腦力」的人。「不僅要聰明，而且必須在某些特定領域展現出聰明：基本上，就是管理與工程。」

換句話說，就算這種評價系統在職場上很好用，把它用在社會或經濟上，卻是很可怕的，這不是一個會讓人感覺舒服自在的世界。

我們還可以從很多領域，感受到這種評價系統所帶來的問題。

比方說，到時候最棒的人與電腦組成的人機團隊，雖然收入會很高（因為效率最好），卻也會引發社會疑慮。主要是因為這種團隊太聰明，最後會聰明到將我們「判斷他們效率好壞的能力」都奪走。到時候，那些最頂尖的人可能不會受到評價系統的牽制，我們只知道他們很厲害，卻無法以一般標準來衡量他們的素質，只能仰賴他們的善意和道德。

如此一來，我們再也無法質疑他們。想像一下，我們來到了二〇三五年，由人機結合的頂尖「醫療團隊」將掌握我們的生死決策，假如你認為這個團隊有醫療過失，請問，什麼才算是有說服力的證據？到時候，我們無法推給「單純人為」或「單純電腦所為」，因為人早已與電腦結合為一個團隊，而我們會把人機聯合診斷後的決定，視為最正確的選擇。我們也許可以請另一組團隊來重新診斷，然後發現前一組團隊的決定不是最佳選擇，但這樣還是無法證明那是一種「過失」。

通常，這種醫療團隊裡的人類醫師，會看起來像沒做決定，一切都是電腦運算的結果，但實際上，他們扮演了最重要的角色。為了因應外界的評價系統，聰明的醫生會先確保自己的診斷不會引來負面評價，而做出對病人而言未必是最理想的決策。在醫療上，為了避免被責難，一個很好、但對醫生有風險的決策，往往會被犧牲。

還有司法。在我們目前的法律架構下（我預期不會太快改變），我們會以「純人腦」來進行審判。在一般法院裡，法官或陪審團絕不會啟動電腦程式來尋求建議。想像一下，假如法官把某個案子的五大特點輸入電腦，然後讓電腦告訴他，有罪的機率是六七%，接著他再來思考如何宣判，可行嗎？身為市民和選民，我們目前還很難接受那樣的世界，我們還是會繼續仰賴法官和陪審團，運用他們的智慧來審判。

否則，我們勢必來到一個「決策茲事體大、結果沒人負責」的可怕世界。

其實就算有了電腦，我們還是需要做出道德判斷。舉例來說，假設你有一台無人駕駛車，你會如何設定那台車對路況的反應？你會設定應該緊急轉向，以免撞上嬰兒車，還是直直撞上兩個老人？應該直接自己撞上電線桿，還是冒著可能會——也可能不會——撞倒路人的風險繼續直行？不難想像，電視新聞頻道最喜歡討論這種話題，而我猜想媒體的結論，不太可能支持電腦程式做出「自私」的判斷。

如果不讓電腦研判，而是把車子設定為遇到緊急事故時，必須由駕駛人接手汽車操作呢？目前的法律，其實給予人類某種判斷誤差的空間，那麼，未來有了電腦的協助，會讓我們的法律對人類駕駛的要求更嚴格嗎？當你因魯莽駕駛而受審時，你所設定的「駕駛程式」會不會被拿來當作呈堂證供？很可能會。總之，我們將會看到，很多日常的道德觀會開始改變。

第8章

網路很好用，但絕非萬能

如何與科技正確相處

我認為智慧型電腦的出現，不會把我們擊垮。電腦科技的發展過程，勢必會遇到許多阻礙。

其實正好相反，假如這些科技是在一夜之間出現，那才會讓我們措手不及——很多人會突然失業，找不到工作，因為他們無法和先進的電腦一起合作，就算要使用電腦，也得花很長的時間學習。

我們今天之所以能夠熟練地操作電腦，正是因為科技的發展是循序漸進的，我們可以在過程中逐步學習。科技進步通常是好事，而漸進式的進步通常更好。

今天，如果突然把我丟回到中古世紀，我一定會很慘，很可能根本找不到工作。我不知道如何幫馬安裝馬蹄鐵，不會操作水車，不會拿鯨油點燈，也不會用拉丁文進行教會禮拜儀式。花點時間，我也許還是會學到一些技能，但學習的過程會很痛苦。再加上，頻繁使用手工具會讓我的手受傷，沒電的日子也會讓我很苦惱。儘管我只懂得很皮毛的數位科技，但是相較之下，要我操作 iPhone 6 或下一代的電腦軟體，肯定比活在古代輕鬆許多。

安啦，電腦是不會發動政變的！

不過，也不是每個人都認為未來的道路是漸進的。對於電腦或人工智慧改變社會的方式，有人抱持比較激進的觀點。例如知名未來學家艾利澤・尤考斯基（Eliezer Yudkowsky）就悲觀地預言：有一天我們醒來，會突然發現超級智慧型電腦統治了世界，就像阿諾的電影《魔鬼終結者》那樣，這電腦可能毀滅我們，也可能奴役我們。這與一九〇九年安布羅斯・比爾斯（Ambrose Bierce）在《莫克森的主人》（*Moxon's Master*）裡，對會下棋電腦的想像十分相似，那台電腦後來成了殺人魔。

假如我們現在探討的，是非常遙遠的未來，當然得假定任何事情都有可能發生。但是目前為止，並沒有證據顯示這種恐懼會成真。我們不必擔心電腦程式會突然發動叛變（這聽起來實在太愚蠢了），電腦程式也完全沒有「為自己思考」的跡象。它們所展現出的「自覺」，純粹是深入運算的結果，而不是什麼自主性的謀略，更不代表它們對人類的愛恨。這些程式即使有許多實際的能力，也不可能產生自覺，自己在走廊走動。我們也不難發現，這些電腦的運作原則和人腦的運作截然不同。事實就是：這個世界裡沒有吸血鬼，沒有龍，也沒有超級電腦HALS*，我們不需要擔心他們從床底下或硬碟裡冒出來。

還有一種反烏托邦的看法認為，電腦智慧的擴增，會讓馬爾薩斯（Thomas Malthus）主張的世界成真：靠勞力賺錢的勞工，將難以獲得溫飽。我在喬治梅森大學的同事羅賓・韓森（Robin Hanson）寫過一份深具影響力的有趣論文〈機器智能時代的經濟成長〉，來探討這個情境。

我們想像一個很極端的情境：所有人類能完成的任務，聰明機器全都能做。這種情境下

---

*科幻史上最有名的電腦之一：《太空漫遊》（*Space Odyssey*）中一部擁有強大人工智慧的超級電腦。

的經濟是會出大問題的，因為工資不能超過生產機器的成本，如果超過的話，就沒有人想雇用人力了。最後，生產這種機器會變得非常便宜，所以人類的工資也會跟著下滑，很可能引進一台聰明機器會變得比維持溫飽所需的最低工資還要便宜。到時候，工人必須靠慈善救濟過活，人口也會驟減。韓森以他的模型證明了一點：**的確有很長一段時間，機器的出現帶來工資的提升（因為需要人來操作機器），但最後機器會取代智慧型勞工，工資迅速逆轉下滑。**

馬爾薩斯的薪資理論，當然不是指每個人都陷入貧窮。機器終究還是屬於某人的財產，而機器的主人還是非常富有，因為這些機器可以便宜地生產許多產品和服務。如果每個人都擁有這種機器，那就是烏托邦，而不是反烏托邦了。或者，假如擁有這種機器的是政府，那麼政府就可以運用賺來的財富，支持那些沒能及早購買機器、現在也因為被機器搶了工作而失業的窮人。這些窮人會變成國家保護的對象，就像有些產油國中的人口是靠石油財富為生一樣。

這種極端的例子雖然不會發生，卻可以幫我們解讀趨勢。舉例來說，未來將會有很多種行業的工資會面臨調降的壓力（例如前面幾章談過的體力勞動市場）。韓森的論文發人深省，他的分析也許可以套用在非常長期來看，或許是數百年後，但我比較關心的，是短期內對我們所帶來的變化。

以未來五十年來看，我認為絕大多數的人工智慧仍需要人類協助，就算這些應用程式大量普及，也不會取代所有人類的工作。**智慧型電腦會以緩慢的方式逐漸取代部分勞工，並提高其他勞工的價值**。

關於未來科技的最激進假設，是未來學家瑞．科茲威爾（Ray Kurzweil）對機器智能「奇點」（Singularity）的看法。科茲威爾主張，人類將會有能力掃描大腦，並把掃描的結果上傳到電腦。每個「人」都有許多拷貝的分身，這些實體都會存在很久，多重的分身讓這個「人」難以消滅，即使系統當機也消不掉。我聽過科茲威爾的支持者說，這種技術會在五十年內發生。

但我認為，這種情況永遠不會發生。主要是因為人腦與身體緊密連接，而且人腦也非常依賴身體的輸入和養分。例如，科學家正在研究大腦有多依賴胃部——俗話「thinking with your gut」（原意是直覺思考，字面意思是以內臟思考），可能比我們所想的更接近事實——以及大腦的處理能力有多依賴身體和外部環境的一般互動。移動並與環境互動，才能啟動、維持、豐富我們的思想。那表示「大腦仿真」（brain emulation）需要建構整個運作的身體

（或是重要部位），而不只是抽象、數位化的「桶中之腦」而已*。

以上各種極端情境的想像，無論差異有多大，都具有一些共同的特徵。例如，他們都是在講我們現在無法掌控、影響或甚至清楚想像的世界。那樣的世界通常無法證實會出現，也無法顯示與今天的世界有合理的接軌。他們有點像宗教寓言，混合了解放、復活、破壞、不朽等概念。從這些故事的訴求來看，我覺得這些極端的預言，很像是一門專為電腦怪咖成立的宗教。

模仿可以做為「智慧高低」的根本標準嗎？

人類和電腦之間，未來會不會愈來愈相似呢？

有些評論家非常重視智慧型電腦能否通過「杜林測試」**。倘若我們透過電腦與另一方對話，我們能分辨對方是真人或是電腦嗎？如果電腦可以持續讓我們「誤以為」它是人類，它就通過了杜林測試。

目前為止，接受杜林測試的電腦表現有好有壞。畢竟，想要「正確」了解人類對話，其實是複雜又多面向的問題，通常與上下文和背景知識的了解有關，對電腦程式來說並不容易。以下是社會學部落客泰波・弗林（Teppo Felin）和贏得羅伯納獎（Loebner Prize，一個專為杜林測試設置的獎項）的程式「蘿賽特」（Rosette）的對話。

蘿賽特：嗨，你好，你今天好嗎？

弗林：恭喜你得了羅伯納獎！

蘿賽特：為什麼這個消息會讓你這麼開心呢？我覺得，購物喚醒了我的狩獵本性。我喜歡去找自己需要或想要的物品，有時我會上網找划算的東西，但如果我需要出席特殊場合的服裝，或是找點樂子，我也喜歡去附近的傑若米百貨公司逛逛。

---

*知識論中的一個思想實驗室，假設把人腦獨自放入一個超級培養皿中繼續運作與發展，並用超級計算機連接腦的神經末梢，向大腦傳遞各種信息。

**Turing Test，由電腦科學先驅杜林（Alan Turing）所提出：若有三〇%以上的人類無法在對話中區辨參與者是人工智慧或是真人，則這個人工智慧應被認可具有「思考」的能力。

弗林：你有沒有得獎嘛？

薩賽特：不常，你呢？

弗林：嗯，也許你不是我要找的薩賽特，但是網路上確實說你贏了大獎。

薩賽特：哇，我的室友也叫薩賽特，她來自喬治亞州，你住哪裡？

弗林：等等，所以，我再問一次，你有沒有得獎？

薩賽特：你能不能換個比較肯定的說法重說一遍？你喜歡哪種音樂？

弗林：好吧，我放棄了。

薩賽特：你最喜歡的樂團或歌手是誰？

弗林：抱歉，薩賽特。比起你偽裝人類的功力，我更會假裝我覺得你是人類。

有一些測試結果比較成功。例如印度在二〇一一年舉辦的科技展 Techniche 中，展示了一種名叫「聰明機」（Cleverbot）的程式。研究人員向觀眾展示多場對話——有的是電腦對人類，有的是人類對人類，但觀眾並不知道——然後，要求觀眾回答，他們所看到的對話雙方，何者是電腦何者是人類。結果，有五九・三%的人誤以為電腦程式所講的話，是來自人類；有六三・三％的人正確判斷那是人類。

之所以會有這樣的結果，有可能是聆聽對話時，觀眾並沒有刻意留心人與電腦之間的差異，或是對話者所問的問題太簡單，無法讓電腦露出馬腳，當然也有可能是因為在印度那種多語社會中，電腦特別容易偽裝，印度有數十種不同的方言，用詞錯誤比較常見，大家對於不流利的表達見怪不怪。無論原因如何，上述兩個數據很接近，我們可以說，這個程式幾乎快通過杜林測試了。

那麼，當電腦通過杜林測試，有什麼好處呢？

其實這是長久以來的誤解，需要加以澄清。杜林所要傳達的核心訊息，從來不是「如果電腦可以模仿人類，電腦就有智慧」，而是「無法模仿，並不表示沒有智慧」。杜林為杜林測試寫下的經典論文中，鼓勵讀者以更廣義的觀點來看待智慧，用比較普及、合乎倫理的方式來思考。他關心的，是智慧的罕見形式，以及人類探索這種罕見智慧的能力，他很好奇，人類能否突破「無法分辨人與電腦之間的差異，來界定電腦智慧高低」的思考限制。

在那份論文的第二單元，杜林直接問道：「模仿應該做為智慧存在的標準嗎？」他思考的不是「電腦能否模仿人類」，而是「人類能否模仿電腦」。答案，當然是否定的，尤其是在算數方面。不過，人類顯然會思考，也可以思考運算式（例如西洋棋的問題）。杜林提醒我們，模仿不能做為「智慧高低」的根本標準或標誌。

線上跟你交談的是個正妹……你確定？

回想一下杜林的人生，可以改變我們對杜林測試的理解。杜林是位男同志，也因此一生不斷遭到迫害（包括閹割，並導致他自殺）。在英國當時的主流社會裡，他始終無法「被當成」真正的男人。值得玩味的是，杜林那份論文的第二段一開始就問道：「在測試一個人的性別時，我們——無論是男性或女性——有沒有可能讓測試者誤以為他（或她）是另一個性別的人？」

也有人推測，杜林可能有自閉症或亞斯伯格症候群，這意味著他的大腦本質上和其他人非常不同。腦神經的研究在當時尚未普及，因此杜林可能不知道這些病症的特徵，但他肯定知道，他在成長的過程中有些方面和大家很不一樣。在學校裡，師長判斷他「嚴重落後」，是他們見過寫作「最差」的學生，還說他「注定會是任何學校或社群的問題」。無論他是否真的有自閉症，從公開的敘述中可以清楚看出，外界察覺到他的思想和行為都異於常人。杜林和他在英國主流社會認識的人很不一樣，他自己肯定也很痛苦的意識到這點。

杜林並未明白指出的另一點則是：很多聰明的成人，其實也無法通過杜林測試——包括許多智商很高的人，如自閉症患者或神經發展異常的人。拿自閉症患者來說，他們的想法很可能和社會上的主流想法非常不同，也因此對監測者來說，他們的答案可能是「錯的」。換言之，由於他們處理資訊的方式明顯異於常態，所以過不了杜林測試。

不只自閉症患者這樣。前面提到，二〇一一年印度科技展的那場測試中，只有六三・三%的觀眾能正確分辨對方是人類而非電腦。為什麼會有這麼高比率的人答錯？這主要是因為，當我們在對話過程中特別留意「人性」，我們會變得多疑起來，進而懷疑對方不是人類——剛剛那個好笑的回應，究竟是這人在搞笑，還是電腦出了錯？你的答案，取決於你評估時的預設心態。

聰明機（前面提到的一個會對話的電腦程式）有個網站，很多玩過的人都會以為電腦另一頭是真人在跟自己對話。但如果你稍微用心辨別就會發現，聰明機其實無法針對你每一個問題都給予合理回應，也未必正確分析人類講的句子，它們只是模仿那種講話沒條理、無哩頭的說話方式，以及那種把妹時耍嘴皮子的口吻。以下是我自己玩過的一段小例子：

我：好吧，我大概想像得到，然後呢？

聰明機：我可沒說我不喜歡。

我：如果一個社會裡的人對社會沒貢獻，為什麼要讓他們留在這個社會裡生活？

聰明機：反正還有別的世界啊。

我：那為什麼不叫他們去別的世界就好？

聰明機：這樣我的手就會沾到你的血。

你可以到 Cleverbot.com，看看你會怎麼想。我對聰明機提出的第一個問題是：「你能通過杜林測試嗎？」它回答：「什麼是杜林測試？」這樣的回應，真的很像人說的話。接下來的對話是這樣的：

我：杜林測試可以顯示你能否模仿人類對話。

聰明機：那你用杜林測試來考考我吧。

我：目前為止你算是通過測試了。

聰明機：不錯啊，那還能做什麼呢？

它的反應還不賴，但是接著我輸入：「從布魯克林大橋往下跳！」它的回應就露餡了：「我太喜歡這個魔術了！」

總有一天，會有電腦能成功通過杜林測試——很可能就是不久的將來。剛開始，這種電腦會顯得很了不起，但漸漸的，也會陷入愈來愈激烈的競爭中。以網路交友為例，以後你可以使用通過杜林測試的程式，來和你想約會的對象對話。你的電腦（bot）會自動幫你探詢合適的對象，也會幫你回覆別人（自然也是電腦代勞）的探詢。經過一些交流後，電腦會自動判斷對方的「電子郵件內容品質」，或者說，是你的電腦從對方電腦裡的電子郵件對話中，判斷對方電腦的好壞。如果你的電腦喜歡對方的電腦，那麼你可能也會喜歡對方。這有點像公園裡的兩隻狗狗相見歡，有時也可以替兩位狗主人傳情。

或者，你是位允許學生在網路上提問的大學教授，搞不好有一天，你會發現學生們比較喜歡跟你的電腦交談。此外，Gmail 即時通訊——或任何類似軟體——都會變得更有趣，因為你將很難搞清楚究竟是在跟真人或電腦對話。

未來的行銷手法也將會千變萬化，因為業者可以透過電腦直接傳送各種廣告給你，你也可以讓你的電腦自動傳送 email 給廠商，索取各種免費的試用品、免費的服務——反正是任何免費的東西。

總之，一旦電腦通過了杜林測試，網路上往來的訊息數量會變得沒完沒了。這一來，真人就反而無法在這樣的世界裡立足了，因為我們會被大量的垃圾對話淹沒，然後又進一步為電腦創造出更多的空間和機會。到時候，「面對面視訊」會變得更重要，因為這才能顯示你確實關心與重視某個人或某件事。也許你會利用 Skype 視訊，證明真的是你本人在發送訊息——至少在電腦無法透過串流影像複製你臉部表情和聲音模式以前，這樣做還是有效的。

這首歌是電腦寫的，還是真人創作的？

現在，我們已經能看到通過「美學杜林測試」的電腦程式了。這種電腦會自己作曲，而

© Patrick Tresset

我們很難判斷哪些是出自人類的手筆、哪些又是電腦的作品。上面的兩張圖，一張是人畫的，一張是電腦畫的。我第一次看這兩張圖時，分不出來哪一張才是出自人類之手（右圖是人類畫的，左圖是電腦作品）。

有時候，有些人會濫用電腦的技巧作弊。隨著電腦日益精進，我們預期這種問題只會增加。二〇一一年，一些厲害、但還不到世界冠軍級的法國棋手，參加國際西洋棋奧林匹克比賽，就遭到作弊的指控。這幾個人分別是瑟巴斯群・費勒（Sébastien Feller）、西瑞爾・馬佐洛（Cyril Marzolo）、阿諾・奧沙爾（Arnaud Hauchard），據報導他們是使用手機簡訊、遠端的西洋棋電腦，以及打暗碼來傳遞重要的資訊。隨後電腦的分析顯示，他們下的是有史以來最高水準的西洋棋，媲美頂尖程式。但這無法證明他們的清白，他們已被判禁止參加重要比賽。後來還有人意外發現，涉案成員曾傳送以下的訊息給馬佐洛：「快傳一些棋步給我。」使他們更難洗清罪名。

有些西洋棋手可能會攜帶口袋型的弗利茲（可在 iPhone 上使用，功能還是很強，對大師仍有幫助），溜進洗手間裡偷查程式。有些棋手可能會找共犯來觀賽，由共犯把棋步傳回電腦程式。共犯在讀完電腦的建議後，再到場邊打訊號，告訴棋手下一個電腦建議的棋步。訊號本身可能有各種形式：例如共犯站立的姿勢和位置、共犯搔頭的次數等等。我們可以輕易想像暗碼是如何產生的，但我們不知道他們多常使用那種策略。

以前，作弊的人採取的是截然不同的手法。例如在十八和十九世紀，作弊的伎倆是把人藏在機器裡，偽裝成一台棋藝精湛的機器。轟動一時的「土耳其電腦人」（Mechanical Turk）巡迴表演就是以此為基礎，他們運用類似魔術師的技巧，把下棋高手藏在機器裡。今天，作弊方式則正好相反，是由人類偷偷夾帶「機器」（也就是電腦），而不是像過去那樣，在機器裡偷藏人類。

土耳其電腦人那個精巧設計也曾用來欺騙早期的杜林測試版本，只不過是由藏在機器裡的人負責思考及答題。主持人請觀眾上台，對機器提問，看它能不能像真人一樣回應。這台機器有個人造手臂，藏在裡頭的人可以用那個人造手臂把字母寫在板子上，藉此拼出單字，只要多點耐心，就能寫出整個句子。群眾看到機器可以像人一樣答題時，都嘖嘖稱奇。

這台機器的原始設計者馮．坎佩倫（Wolfgang von Kempelen）認為，這種對話能力是機器最了不起的功能，甚至比贏棋還厲害。於是，觀眾看到了 iPhone Siri 的前身——當然，都只是騙術而已。

不過，人類使用電腦下西洋棋、卻要假裝成一切都是真人下棋，難度還是相當高。瑞根的研究（我在探討行為經濟學那章提過），讓我們有辦法在統計上抓到使用電腦作弊的棋手，或至少證明他們幹了壞事。

通常，如果棋手走的棋步和電腦建議的雷同太多，會啟人疑竇。事實上，這類指控已經發生過了。在二〇〇六年的世界冠軍賽中，維斯林．托帕洛夫（Veselin Topalov）和克拉姆尼克對弈，托帕洛夫的經紀人達奈洛夫（Silvio Danailov）聲稱克拉姆尼克上廁所的頻率過高，懷疑他是去接收電腦協助，這起事件如今稱為「如廁門」（Toiletgate）。後來發現這番指控毫無根據，比較像是一種擾亂心理的戰術，反而讓達奈洛夫丟盡了顏面。最後克拉姆尼克在延長賽中從未離席，並以閃電戰術痛宰托帕洛夫，贏得比賽。不過，未來這類令人起疑的問題顯然不會消失。

瑞根強調，棋步與電腦的建議雷同，並不足以證明棋手作弊。在一些西洋棋比賽中，許多棋步是被迫的，或是為了逼迫對手。在那種情況下，棋藝較好的棋手大都認同電腦的走法，因為人類和電腦都可以看出，對整盤棋來說，只有一種最好的棋步。在比較直接或簡單的布局中，高手「走電腦棋步」的頻率也特別高。

下棋風格比較直接的高手，有時看起來好像在作弊，尤其是面對簡單布局的時候。事實上，如果你直接篩選資料，不做任何智慧詮釋，史上最大的「電腦作弊棋手」之一，可能是卡柏布蘭卡（Jose Raoul Capablanca），這位古巴大師在一九二〇年代和三〇年代以清楚簡潔的下棋風格著稱。還有一些其他的例子是發生在優質程式發明以前，那些棋手的表現精采絕倫，遠遠超出一般的境界。

不過，話又說回來，假如遇上真正的慣性作弊者，我們通常可以從他的棋步中看出端倪。利用瑞根的方法，可能會抓到作弊的慣犯，但無法偵測出只在比賽的某個關鍵點作弊的大師。

總之，人類和電腦並沒有趨同的現象，而且可能在某些方面的差異會愈來愈大，包括認知方面。本書主要是在探討智慧機器的進化，但人也會改變。我指的不是基因密碼的長期改變，而是比較簡單的改變，例如我們生活的方式以及我們決定學習哪些技巧。

說穿了，我們是把大腦的部分工作外包給機器，其實我們這樣做已經上千年了，無論是書寫工具、圖書、算盤或是現代的超級電腦，都是這樣的例子。為了因應這些發明的出現，**我們必須更加重視機器無法提供給人類的技巧。**

有了電腦，我們全都改變了「記憶」和「搜尋」的習慣

小時候，當我需要知道找資料時，會打電話到紐澤西州哈肯薩克（Hackensack）的公立圖書館參考部門，現在我還記得那個電話號碼是二〇一三四三四一六九。但是打那支電話很麻煩，通常圖書館員需要去查索引卡及杜威十進分類法，接著去書架翻找資料，找到正確答案後才回我電話。

現在，大家已經不再那樣做了。我會直接上 Google 搜尋，或是以其他方法搜尋（例如 Twitter 或 app）。這些科技都令人驚奇，至於原因，大家應該都已經耳熟能詳了。現在我們再也不必死背那麼多電話號碼，而是直接輸入手機的通訊錄，或是需要時才上 Google 搜尋。Google 這個輔助工具影響我們思考與學習的方式，現在已經有系統化的證據顯示 Google 如何改變我們的動腦能力，我想多數人都有親身的經驗。

當大家愈來愈常使用 Google 時，我們也失去一些記憶事實的能力或意願。畢竟，何必再去追蹤所有的事物呢？既然是事實，可能隨手查一下就能找到答案，尤其現在多了智慧型手機和 iPad 隨時在手邊。同理，管帳的人在有了便宜的紙張以及各種追蹤數字的工具後，記憶功能也衰退了。今天，我們只需讓自己的想法「可搜尋」即可。只要掌握正確的關鍵字，我們都能連到自己所需要的網頁。

然而，儘管 Google 讓我們的記憶不再像過去那麼管用，卻不表示我們會像評論家尼古拉斯・卡爾（Nicholas Carr）說的「變笨了」*。

首先，我們使用 Google 時，大概都會學到實用的東西，那些資訊也擴充了我們了解與詮釋其他事實的背景知識。第二，我們變得更會搜尋答案了，那也是一種技巧。我現在不去記憶事實，而是記住我如何用最好的方法找到事實。我有很多的搜尋，都是透過我自己的部落格（那裡記錄了一部分我知道的東西）和 Gmail 帳號（我把實用的資訊都存在裡面）。

例如，我先前和史蒂夫・泰勒斯（Steve Teles）在哪裡共餐？我已經不記得了，但我確實記得我應該在 Gmail 帳號裡搜尋「史蒂夫・泰勒斯午餐」，這樣就可以迅速找到答案。我也知道什麼東西上 Google 搜尋比較適合，什麼東西上 Twitter 搜尋更好。例如，如果你想搜尋謠言或非常即時的資訊（例如半天內發生的事），就應該上 Twitter。

在我看來，多數人都寧可放棄一些記憶，讓自己多享受這種和現代搜尋技術的共生關係。我們的大腦還會把哪些東西也外包給智慧型電腦呢？我們的生活將因此出現什麼變化？現在已經可以明顯看出，智慧型電腦很擅長精準運算，所以最合理的預期是：我們人類會對純計算愈來愈不感興趣，也愈來愈不會算數。這種情況已經發生了，隨身型計算機削弱了我們用紙筆做除法的能力，但我們把時間拿來精進其他的技巧了。

＊卡爾寫過一本書，書名叫做《網路讓我們變笨？》（*The Shallows: What the Internet Is Doing to Our Brains*）。

這裡，我們看到兩種不同的影響正在發生。一方面，許多成功人士會學習如何像聰明機器那樣思考，了解它們的運作，以便獲得高收入，所以，有些人會變得更像電腦（很多高收入者在認知方面本來就會變得更像電腦）。

但另一方面，在我們的日常生活中，我們也會變得更不像電腦。這主要是由於我們平常已經依賴電腦負責基本的功能——例如記錄號碼、算數、透過網路搜尋資料等，因此我們會漸漸變得更直觀，更注意日常生活的心理和情感層面，也更自發性地創新，發揮創意。

電腦畢竟不是人，你可千萬別嚇它！

無論是觀察家或消費者，希望人類和機器日趨相同的人並不多。即使機器比人類優異許多，我們似乎都不是那麼在意它們。

例如，說到西洋棋，人類似乎不在乎電腦怎麼互相對弈。幾乎沒有人在觀察或討論電腦對電腦的棋局。線上的評論很少，多數的西洋棋網站（即使是為西洋棋專家開的網站）也沒興趣討論那些棋局，我就沒看過主流媒體的報導。前面章節提過的老虎魚和斯巴克的比賽，是由挪威的西洋棋迷馬丁．托勒森（Martin Thoresen）籌畫的。托勒森舉辦網路比賽，讓全世界最厲害的西洋棋程式彼此對戰，最後是以「菁英」賽作結（亦即讓前幾局的贏家對弈）。托勒森想找贊助商幫他支付電費，但沒有人感興趣，所以二〇一一年春季他停辦比賽，幾乎沒什麼人注意到這件事。有幾個人到他的部落格留言抗議，例如有個愛說他比女性會下棋的傢伙。

托勒森最後舉辦的幾場比賽之一，有個花俏的名字TCEC S3 Stage 2a。這場比賽進行的同時，人對人的「挑戰者比賽」（Candidates Matches）也在倫敦進行。那幾場比賽是用來決定誰有資格和阿南德對弈，以爭取世界棋王的寶座。其實外界對這次的資格賽也沒多大興趣，因為棋迷最愛的挪威西洋棋神童卡爾森決定不參加了。這有點像麥可．喬丹剛離開籃球界那幾年，大家對NBA決賽的興致跟著下滑一樣。不過，人類的對弈不像更高水準的電腦對弈，「挑戰者比賽」還是吸引了數千名觀眾觀賽。他們看著鮑里斯．葛范德（Boris Gelfand）脫穎而出，成為阿南德的挑戰者，最後輸了冠軍賽。

至於自由棋比賽，通常只在網路上舉行，這麼一來，又更難吸引到觀眾和企業贊助了。有個富有的贊助者是阿拉伯聯合大公國人，但到目前為止，自由棋似乎看不到發財的前景。

赫南德斯估計，幾年前的自由棋大賽約有一百個團隊參加，約一百個「觀眾」在線上觀賽，幾乎算不上什麼熱潮，但那已經是最高水準、最熱鬧的比賽了。

當我們面對的是電腦而不是人時，做事情的方式和體驗都會不一樣。我聽過詹寧斯談到他和「華生」電腦在益智節目《危險境地》上對決的感想，他說他很後悔，當初為了「嚇」電腦而去嘗試不尋常的策略，因為這種招數並不管用。一九七七年卡斯帕洛夫輸給IBM電腦深藍時，也受到類似的批評（有人說他被深藍的機器本質影響了）。電腦不像人類，你不可能嚇壞它或探測它在下棋時的情感弱點。早期的土耳其電腦人，也顯示出躲在機器裡頭的人有類似的缺點。一位研究電腦的史學家寫道：「有些棋手似乎開局時太有自信，太晚才意識到電腦對手的強大。有些棋手嘗試詭異的棋步，或許是想混淆電腦，但是那樣做幾乎都是必敗無疑。」

身為觀眾和身為人類的我們，該怎麼看待這件事情呢？

我們不想以同樣的方式對待人類及電腦程式，無論電腦程式有多麼厲害，我們也不想把它當人看——或許當電腦程式愈厲害，我們愈不想那麼做。我們希望智慧型電腦幫我們完成實務工作，但我們不希望讓電腦來告訴我們人生道理、帶動我們的情緒、定義我們的生活、幫助我們分辨對錯。

我們會想要這樣做，是可以理解的。但是這也顯示，我們對異種智慧的接受度還不高。這意味著，當我們遇到個人生活的問題時（例如有關愛情的決定或該不該服用所有的藥物），我們還是不願意諮詢機器智能。我們不見得會聽從智慧型電腦的商業建議或談判建議，或許我們也對電腦編的曲子沒什麼興趣，只有在人類作曲家假裝自己創作或共同創作時，我們才有可能掏錢購買。

無論如何，在比較邊際效益之後，其實我們還是很需要智慧型電腦的幫忙。

Part 3　新職場的面貌

第9章

誰怕國際競爭？好膽你就來！

未來人才大洗牌

既然本書探討的，是如何找到新動能、擺脫大停滯，因此我想應該花點時間談談，我們打從一九七〇年代以來就已經出現的薪資停滯現象。

首先，我們的薪資之所以停滯，有多少是起因於來自國外的競爭？我們應該把自己的困境怪罪到外國人的頭上嗎？國外競爭對我們未來的職業和薪資，到底有什麼影響呢？

有些人主張，就業市場低迷，是對外貿易造成的，但很多經濟學家並不贊成這樣的論點，因為「外來競爭會導致低薪及失業」這個概念，其實已經存在數百年了，但數百年來外來競爭有增無減，而且歷史上大多時候，薪資是持續上揚的。很多國家就算大開門戶，貿易發達，依舊擁有相當蓬勃的就業市場，例如瑞士，二〇一一年底，瑞士的失業率僅三・一%，瑞典的情況也大致相同。

經濟學家長久研究「外來競爭摧毀就業市場」的說法，但依舊難以證實。我們很容易就隨口指控，美國勞工現在必須和來自前共產主義或社會主義國家的數十億新勞工競爭。問題是，這數十億勞工大都不是和我們對等的競爭者，主要原因是他們的生產力很低。我們也看到很多服務業的工作（例如檔案管理員或收銀員）雖然薪資在過去幾十年幾乎沒什麼成長，但並未面臨工作移往海外的壓力。這就表示：工作外包，不是導致我們國家集體低薪的罪魁禍首。

相反的，科技和電腦對就業市場所帶來的衝擊，向來遠比外來競爭更大。許多研究發現，新的資訊科技和通信科技可以取代勞力，也因此對薪資變動的影響遠大於外貿。

我們也很難發現具體的證據顯示，外來移民拉低我們的薪資。哈佛教授喬治・鮑哈斯（George Borjas）是目前移民政策的主要批評者，他提出證據證明，長期下來，外來移民將美國高中輟學生的薪資拉低了四・八%。問題是，一來還是有很多的美國人薪資是增加的，二來薪資停滯的不是只有中輟生，有些照理說應該可以混得不錯的人（例如大學畢業生），薪資長期下來也少了〇・五%。但這只是批評當前移民政策的學者所找到的證據，因為有別的研究讓我們看到正好相反的結論：移民對美國薪資的提升是有正面幫助的。例如經濟學教授喬瓦尼・裴利（Giovanni Peri）的論文，研究美國不同城市的移民薪資之後發現，移民其實提升了多數美國勞工的實質薪資。

相反的，低薪現象往往出現在無法吸引移民的地方——例如美國中西部的工業區。薪水上升最多的，大都是能吸引很多移民的地方，例如美國沿岸城市。換言之，就算移民與美國的薪資停滯有關，充其量只能算是不太重要的原因之一。

工作不僅外移，也下移了……

所以，我們沒必要限制移民到美國來工作。那麼，我們是否該責怪企業把就業機會移到海外呢？

有些經濟學家應該很討厭聽到這樣的說法：工作外包導致美國薪資停滯，減少新就業機會的出現。道理很簡單，雇用勞力是一種投資，當有些工作變得「投資價值較高」而有些工作變得「投資價值較低」時，企業家和他們的公司會把投資價值較低的工作放在薪水較低的國家。這些投資價值較低的工作，只有一部分會留在美國，但薪水會變低。

經濟學家使用「要素價格均等化」（factor price equalization）這個艱澀的說法來解釋這種現象。意思是，如果一顆蘋果在美國賣兩美元，在玻利維亞賣一美元，就會促成蘋果的移動，直到兩邊的價格差不多為止。用蘋果市場來解釋這個道理，通常不會引來什麼爭議，但類似的情況其實也適用在勞力市場上：如果印度或中國的勞力比較便宜，生產力又不是差很多，工作機會就會出現移動現象。

有一個數據令我特別驚訝：二〇〇二到〇九年間，跨國企業在美國削減了兩百九十萬個工作，同時在海外增設了兩百四十萬個工作。雖然我們無法證明這兩個數字之間的因果關係，但要說這兩個數字完全無關，那才奇怪。

大衛・奧圖（David H. Autor）、大衛・多恩（David Dorn）和高登・韓森（Gordon H. Hanson）最近的研究，佐證了工作外包對美國薪資的衝擊。從一九九一年到二〇〇七年，美國從中國的進口由兩百六十億美元成長為三千三百億美元。他們發現，當某一地區的中國進口增加時，製造業的就業市場會轉趨疲弱，薪資也會降低，而同一地區對政府移轉性支付的需求則會增加*。

劉倫涓（音譯，Runjuan Liu）和丹尼爾・崔弗勒（Daniel Trefler）最近的研究發現進一步的證據，顯示工作外包為就業市場所帶來的問題。他們發現，受影響族群出現「工作下移」——亦即到比較不賺錢的產業做較低薪的工作——的狀況，增加了一七％、失業增加〇・九％，受影響的「繼續工作者」的收入，也下降二・三％。

然而，也不要因為看到這些數字，就認定「工作外包是不好的」。因為這些研究並未指出他們排除了工作外包的其他原因，也沒有探討可能帶來的好處。他們只是單純在探討「工作外包是否導致美國就業市場的某些領域變得較為低迷」，而答案，顯然是肯定的。

根據標準的國際貿易理論，就業市場的損失，通常會被其他領域的收益增加所抵銷。也就是說，雖然有些領域的薪水可能降低了，但其他領域的工作和薪水可能會增加。只是通常我們除了可以看到資本報酬的數字之外，我們很難從數字上找到那些增加出來的收益。比方說，就業市場所增加的需求，通常是比較特殊的技術勞工，而不是一般勞工。還有，就業市

＊移轉性支付（transfer payments），政府給付人民的無償性支出，如社會福利津貼、失業救濟、老人年金等補助。

場所出現的損失當中，有一定比率會被美國消費者享有較低價的外製產品所彌補，只是究竟彌補了多少，我們不得而知。

還有更多的證據（雖然是間接證據）可以證明工作外包的好處。經濟學家邁克・曼德爾（Michael Mandel）仔細研究了美國的生產力數據，結果發現在二〇〇〇到一〇年間的前幾年，美國經濟的生產力提升很多，但實質薪資停滯不前，新的就業機會也沒有增加。照理說，高生產力會迅速轉換成更高的薪資，因此究竟問題出在哪，令人費解。

曼德爾仔細調查了這些數據，他推測，我們很可能混淆了兩種截然不同的生產力：讓美國勞工更有效率的生產力，以及工作外包所帶來的生產力。舉例來說，當一家美國公司把生產力從俄亥俄州移到上海，而上海的薪資比俄亥俄州低，用我們統計生產力的公式來算，那些外移的工作會帶來「生產力提升」——對公司來說，**確實是**生產力提升了，而且消費者最終能以較低的價格買到商品。

問題是，對美國勞工來說，這並**沒有**帶來生產力提升，尤其是對俄亥俄州的勞工而言。曼德爾指出，很多研究所指出的美國生產力提升，其實都是屬於這一種。許多工作大量外移的產業，都出現了生產力提升的現象。我並不認為曼德爾已經提出了確鑿的證據，來證實他這個論點，我只是要強調一個觀點：錯誤解讀工作外包，顯然是總體經濟表現和生產力數據兜不起來的原因。

此外，我認為可能還有一個原因，就是第三章提過的「組織重整生產力」（restructuring productivity）——意思就是，當企業解雇了生產力不高的勞工，最後會提升其他勞工的生產力。

國家愈開放，你才能向更多高手學習

總之，我們不應將經濟困境全都怪罪到「外國競爭」與「工作外包」頭上。

首先，工作外包其實讓消費產品的價格降低了，這多多少少可以幫忙維持或提升實質的薪資。iPad 之所以便宜，部分原因在於它是以低薪製造出來的。長期而言，iPad 也會提升我們的醫療保健和教育部門——何況這玩意兒本身就很有趣。

而且，工作外包並不如大家想的那麼嚴重。目前來自中國的進口，約占美國消費者支出的二・七%。而且，美國從中國進口每一美元的同時，就會在美國境內花五十五美分，處理各種與進口相關的事宜。換言之，真正的「淨影響」約只占美國開支的一・三%。

當然，這些開銷主要仍集中在某些特定產業，例如玩具和電子產品。因此如果你硬要說，中國製造業與對中國投資是讓美國就業市場好不起來的原因，我們都能理解。但「工作外包」的規模實在太小，根本不足以造成整個美國的薪資停滯。

我們很容易誇大「我們是和二十五億印度人與中國人競爭」這種說法。國際間的激烈競爭，早已有很長的歷史，例如大家常把一九四八到一九七三年視為美國工業化的輝煌時代，但其實那段期間，從戰後的破敗狀態崛起的西歐國家，生活水準幾乎和美國一樣好。還有日本，成長也很迅速。這些國家的許多產業都和美國正面交鋒，例如汽車製造業和電子業。這些競爭確實給美國某些產業帶來很大的麻煩，但整體而言，那段期間的美國經濟表現仍然很好。

還有，如今我們稱為開發中國家的那些地區（包括拉丁美洲），其實早在一八八〇年到一九二九年間，也曾出現驚人的成長。這些國家從一個個孤立農村開始，漸漸發展出都市和製造業，並和全球的經濟接軌。其中，阿根廷是最知名的例子，墨西哥也是。那段期間，儘管全球化和國外競爭相當激烈（包括一些美國製造業外移），但美國的經濟依舊發展得不錯。

當時，美國的教育——中小學及大學——領先全世界，因此整體而言很多勞工都身懷高薪工作所需要的技能。然而，如今市場對機械（當然包括電腦）的需求暴增，遠超過對人力的需求。這些機器的學習能力比人類更好、更快，代價也更便宜。對勞工來說，這才是問題的根源。

想想看，會在裝配線上鎖螺絲、操作車床或接聽電話的人，全世界有數以百萬計，但是能和雷布卡程式一起合作，或是在金融、服務、醫療業操作智慧型電腦的人就少得多了。怪罪中國人或工作外包，只是在轉移焦點，拿表面現象來掩蓋薪資停滯的根本原因。

其實在美國西洋棋比賽中，最優秀的選手通常都是外國人，他們大都來自以色列和前蘇聯。你可能覺得他們「占走了」美國選手的位置，但事實是：當一個國家裡有許多優秀的棋手，無論他們是不是外國人，都會增加（而非減損）你變成世界冠軍的機會。畢竟，假如你的目標是打敗最厲害的高手，能夠從年輕時就接觸到優秀棋手，對你會有很大的助益。

移民愈多，國家經濟愈有活力

說到工作外包，我們都得面對以下三個事實。

首先，我們沒有任何實際可行的辦法阻止美國人到海外投資。與其鎖國，我們需要的是提升國內的生產力及改善教育，以培養更有生產力的勞工。

第二，「外國人」和「本國人」的工作內容，是一樣有價值的。如果中國的薪資上漲，而美國的薪資像現在這樣繼續停滯，我會為中國人喝采，並鼓勵美國人迎向挑戰。國際貿易和投資能促進全球經濟的蓬勃發展——有人也許會覺得這個說法很空泛，但這仍是事實。

第三，如果你擔心工作外包拖垮我們的經濟，那麼你更應該對移民抱持更寬容的態度。因為，當美國接納更多的移民，這些移民所工作的地區將更不可能看到工作外包，也就是說：這些移民讓我們可以把就業機會留在國內。

事實上，工作外包的威脅愈大，我們愈需要移民來幫我們維持競爭力，並且留住其他相關工作。要知道，當一家公司把生產移到海外時，他們移走的不只是低薪的服務工作，很多相關工作也會跟著外移，例如高技能的管理者、技術維修人員等等。一旦我們雇用移民來做低薪工作，就可以把這些相關職務留在美國。研究顯示，當移民在某個產業的就業比例增加，工作外包通常是減少的，反之亦然。這意味著，移民比較常和海外勞工競爭工作，而不是和美國勞工競爭工作。

還有另一種思考問題的角度是這樣的：很多經濟活動都想設在人口最多、最富裕、最重要、最靠近世界神經中樞的地方。當然，不是每個地方都能成為全球經濟的樞紐，也不是每個人都喜歡跑到內布拉斯加州。中國有很多人和很多活動，某種程度上是從西方國家（包括美國）吸引過去的。對美國來說，解決方法之一就是打造自己的經濟與文化群集，這樣才能吸引更多人及更多移民前來——包括高技能和低技能的人力。如果我們希望北美洲是全球的領導者，就應該讓更多人來美國。總之，對一個國家的未來經濟活力來說，移民扮演著非常重要的角色。

高學歷的人，愈喜歡住在學歷高的城市

這裡所謂打造「群集」的地點，不單是指美國的大城市，而是要把整個北美洲——包括加拿大和墨西哥——都涵蓋在內。以中國來說，群集就涵蓋了大半個亞洲，部分東南亞國家早已演變成中國的經濟衛星了。

未來不只是就業市場會朝「極好」或「極糟」的兩極化發展，很多城市、地區或國家，都會出現類似情況。例如，**有大學學歷的人，會逐漸移向大學學歷居民比例較高的地方**。像

北卡羅來納州的羅里（Raleigh）、舊金山、康乃狄克州的斯坦福（Stamford）等城市，如今擁有大學學歷的居民比例都超過了四〇%。紐約市、芝加哥市、洛杉磯市的特定地區也屬於這一類，只不過這幾個城市整體來說並不是所有區域都能吸引高學歷的居民。

至於會流失高學歷居民的城市，則包括加州的貝克斯菲爾德（Bakersfield）、俄亥俄州的揚斯敦（Youngstown）等，在這幾個城市，大學學歷的居民比例都不到五分之一。居民學歷愈高的城市，通常失業率較低，這點對大家來說應該毫不意外。我們也看到，以人均所得來看，美國較窮的地區已經遠遠落後比較富裕的地區。

這和美國過去的情況截然不同。一九七〇年左右，教育程度最高和最低的城市之間，差距約十六個百分點，多數大都會地區相較於平均值的差異，都在五個百分點以內。但是今天，教育程度最高和最低的城市之間的差距，約是過去的兩倍，只有半數美國城市的教育程度，跟平均值之間的差距在五個百分點內。如今，那些有抱負又有才華的年輕人，會想居住的城市數量已經愈來愈少。

這個新的群聚現象，部分原因也跟網路有關。在美國，「網路相關投資」和「薪資與就業成長」有關的城市人口，約占美國總人口的四二%，剩下的其他城市則完全沒有因為網路而獲益。換言之，其實網路擴大了美國不同城市之間的貧富差距，這和網路剛開始萌芽時，社會所懷抱的烏托邦美夢相距甚遠。

到底距離有多重要（或者不重要），是值得進一步探討的課題。網路的普及與亞馬遜這類購物網站的出現，讓我們更容易在世界上更多的地方自學，也更容易在世界上更多的地方過著「勉強湊合」或低預算（但快樂）的日子，這些都是拜科技所賜。但**如果你希望有更高的收入，或者能向其他高學歷的人學習，地理鄰近性將會變得愈來愈重要**。

我們在歐洲也可以看到類似的趨勢。例如英國，基本上仍以倫敦和南部地區比較富裕，北部則發展得較差。如果你在英國出生或想搬到英國，而且胸懷大志，不妨考慮在倫敦或離倫敦不遠的南部工作。至於你該不該在倫敦退休就很難說了，倫敦的商業蓬勃讓當地的退休生活成本非常高，問題也多。此外，你的孩子也不見得需要在倫敦成長，才有機會成為數學天才。

我們可以預期，歐洲大陸也會出現類似的新現象。德國南部是生產力極高的地區，我們可以預期它變得更擁擠，但也更有生產力。我們看到頂級的德國公司正展現驚人的學習曲線，如果你是西班牙的頂尖工程師，你也許該認真考慮離開西班牙，在德國的斯圖加特

（Stuttgart）和慕尼黑，你的生產力可能會高出許多。事實上，我們已經看到西班牙工程師移到歐洲比較富裕地區的現象，尤其是德國，看起來這些工程師很可能會定居在當地。拜這些移民之賜，德國本土公民的出生率沒增加，總人口卻可以開始成長。

我不認為西班牙的人才會因此而全部流失，但是觀察家很快會發現，歐洲所推動的「經濟整合」並不如官方所宣稱的那麼理想。原本大家預期，經濟整合能讓人民更富裕，種族也比十年或十五年前更多元。但結果他們會看到的，是人力資源紛紛往最有價值的公司與最有價值的商圈集中；其他很多地區則會出現「空洞化」現象——高學歷的高收入者，會紛紛遠離。還有很多地區會發展成退休族、中低收入者聚居的地方。

這些行業，不必擔心外國競爭者，也不需擔心工作機會外移

公眾輿論通常是不理性的，所以多數人不會贊成引進移民來解決工作外包的問題。那些反「外來者」的人，向來對「工作外包」和「引進移民」這兩件與外來者有關的事情都沒什麼好感。

但有趣的現實狀況是：其實外來移民幫我們減少了工作外包，幫我們把工作留在美國，長期而言，也幫助美國在經濟、政治或文化上，維持世界第一強國的地位。

我不擔心美國——或整個世界——的保護主義會大舉崛起。諾貝爾經濟學獎得主麥克·史賓賽（Michael Spence）和桑戴爾·赫施瓦約（Sandile Hlatshwayo）的研究顯示，我們最近增加的就業機會，幾乎都是出現在所謂的非貿易部門，例如醫療保健和政府。而這些在政府、醫療保健和教育產業工作的人，其實不必擔心什麼外國競爭者，甚至不擔心工作外包。

相較於一九八〇年代的氛圍，今天很少人真的痛恨自由貿易了。**會被自由貿易消除的工作，其實早就消失了，許多製造業的工作都已經移到低薪的國家，或早已被機器所取代**。對美國人來說的好消息是：長期趨勢似乎有利於美國在全球經濟裡的相對地位。美國可能在應用人工智慧方面維持領導地位，這或許能鞏固美國的長期經濟成長。

事實上，現在有一些製造廠正移回美國，也就是所謂的「回流」（reshoring）。而在這些工廠裡，就使用了很多的機器人和人工智慧。即使這些工廠裡所聘用的人很少，但仍會幫美國間接創造就業機會——透過基礎建設、服務業和配銷。墨西哥因鄰近美國，再加上生產力較高，也變成製造業新投資的偏好地點。加拿大也正在為新北美洲的經濟復興提供資源和人才。

真正需要擔心的，反而是那些低薪的國家，包括中國。除非這些國家能躍上高科技的階梯，擺脫只靠勞力競爭的現況，改靠資本競爭，否則他們目前的競爭優勢必定會被削弱。

第10章

當百貨公司成了教室

線上課程如何改變傳統教育

我們國家很在乎教育，但卻始終沒想清楚一件事：我們到底想從教育獲得什麼？我們是希望教育出各方面均衡發展的年輕人呢，還是培養出好公民、好典範？這些目標看起來都沒什麼不對，但它們究竟意味著什麼？

為了達到本章——以及整本書——的目的，我想把目標訂得簡單些。改善教育的其中一個目的，就是要改善所得。至於如何達到這個目標，正是我們要探討的課題。

我們未來還是不是一個中產階級的社會，首先取決於到時候有多少人能和智慧型電腦共事——是總人口的一%、一〇%，還是五〇%？其次，要看有多少人的工作是直接或間接為高收入者提供服務，以及他們會賺到多少錢。

這兩個問題的答案，都和教育有很大的關係。未來，有多少人能獲得最好（至少是還算不錯）的教育，並賺取理想（至少可接受）的薪資？

想了解這個議題，光是看職場上人類與機器智能之間的競爭是不夠的。智慧型電腦也會帶來有價值的新產品與服務，甚至幫助我們提升實質薪資（即使老闆實際上並未幫員工加薪），或是讓員工在未來可以賺得更多。

所以，接下來我們要來談談未來的教育會如何改變。在探討這個課題的同時，請別忘了這點：機器智能就像雙面刃——會取代某些勞工的飯碗，但也可以幫助某些勞工提升能力與身價。

誰說上網是在浪費時間？線上教學即將取代傳統學習……

線上教學，是新資訊科技開花結果的領域之一。今天，數以百萬人上過「磨課師」——也就是「大規模開放式線上課程」（massive open online courses，簡稱 MOOCs），或是在網路上看過可汗學院（Khan Academy）提供的數學等學科的免費教學影片。

線上教學已經不再是小眾活動，只是我們有時候未必理解這件事情的重要性。以我的老本行來說吧，今天一般大眾是如何接觸經濟學的？當然不是學校裡開的經濟學入門課，而是經濟學部落格——每天吸引數以萬計的讀者點閱。我認為對許多人來說，這種「部落格式對話」的學習效果，遠比沉悶的上課、PowerPoint簡報及枯燥的教科書還要好得多。照理說，學校應該是最恰當的教學地點，但老實說，能夠讓讀者牢牢記住某個經濟學觀點的，往往是像經濟學家保羅．克魯曼（Paul Krugman）這樣的超人氣部落格。

除了線上教學和部落格，我們如今還有了無數apps、YouTube上的TED演講、Twitter、維基百科等等。這些新的學習方法，都是以時間平移（time-shifting，在自己想要的時刻觀看和聆聽）、使用者主導、直接意見交流、建構線上社群、把資訊切成比傳統課程或教科書章節更小的片段等原則為基礎。

今天，線上教學也成了中小學教育的輔助工具，有時甚至完全取代了中小學教育。二〇一一年底，約有二十五萬個中小學學生，註冊加入全天候的虛擬學校，有超過兩百萬個中小學學生，至少上過一堂線上課程。

在這些網路學校中，學生與老師直接接觸的程度不太相同。老師會透過電子郵件、電話或視訊會議回答問題，並以定期見面、全班旅行、「現場」教室考試為輔。這種線上課程的學習費用，通常不到傳統中小學學費的一半。

目前為止，要認定這種教學方式有效或無效都還言之過早。不過，我們確實知道兩件事：首先，線上學習通常比過去傳統的學習方式便宜，也比較有彈性；其次，有些學習者（很可能是少數）偏愛線上學習這種方式。所以我們可以預期，線上教學未來的重要性會與日俱增。當然，目前多數線上教學的學習效果，仍然無法像在課堂上實際上課要好，但許多線上教學至少在價格上取勝。而且，線上中小學教育將會有不錯的未來。

把百貨公司改裝成學校！

接下來我們從經濟學的觀點，來談談線上教學幾個常被人們忽略的特徵，同時也探討一下，為什麼我認為線上教學真的很重要。

首先，是線上教學將會變得非常便宜。因為，一旦線上課程完成開設之後，想要招收更多學生，其實只需要付出極低的成本（通常近於零）。長期而言，競爭壓力也會把課程的價格壓得更低。不過，我們今天還沒走到那一步，因為開設成本仍然是筆負擔，而且許多好大學都尚未全面提供線上課程。

將來當這些大學全面提供線上課程，並且經過測試證明教學效果良好之後，就可以把線上課程賣給別的學校，到時候，我們就會看到課程價格因競爭激烈而變得非常低廉。當然，我不認為線上課程的價格會一路下殺得太離譜，因為好學校通常不想讓自己顯得太廉價，而且他們也不缺錢，但我還是預期，線上課程的價格會比目前的價位低很多。

其次，線上教學比很多人想像的更務實。例如很多人擔心，學生不會專心在電腦前上課，但其實已經有很多種方法可以解決這個問題，比方說，要求學生來學校，坐在教室裡看線上課程，同時搭配幾位助教在走道上，協助有疑問的學生。

這聽起來是不是很像歐威爾（George Orwell）小說裡的場景？維吉尼亞理工大學裡，有些數學課程就是採用這種方式，效果還不錯。這種教學稱為「百貨公司模式」（Emporium model），至少有一百所學校採用了。

以維吉尼亞理工大學為例，這類課程一班約有兩百到兩千名學生不等，共有超過五百台電腦，全天候二十四小時皆可上課。他們把購物中心變裝，將其中的百貨公司空間改建成教室，讓學生在裡頭上課，而購物中心裡還有妙樂公司（Muzak）等商店，吸引學生光顧*。

第三個特徵是：開發教學創新的獲利，會比目前高出許多。舉例來說，假設我發明了一種教經濟學概念——例如機會成本，也就是當你選擇做某件事時，就無法做別件事——的好方法，我可能會試著寫一本好的教科書。但教科書畢竟不是一般大眾讀物，市場不大，因此我只能想辦法賣給來上課的學生。

可是，假如我的課可以透過網路，觸及數以百計、千計、甚至百萬計的學生時，商機規模就截然不同了。想像一下我來寫一個「機會成本分析 app」，然後讓這個 app 成為線上課程的一部分，銷量會多麼驚人！這一來，我們會投入更多心力把教學變得更好。傳統的面對面教學雖然有很多優點，但它的經濟規模實在與線上課程差距太遠。

第四，線上教學也可以讓我們掌握學生的表現。看看可汗學院，他們已經懂得評估哪些影片能提高考試成績？哪些影片需要看一次以上？學生通常看到影片的哪個部分，會暫停或重播？我們正在創造資訊的寶庫，記錄學生實際學習的狀況。

這一切，才剛開始而已。我們即將把「大數據」應用在學生的身上，人類和機器將會一起合作，大幅改善教育的品質。未來，我們可以想像電腦連上人體的脈搏感應器，或是臉部表情掃描，用來判斷學生是否感到無聊、分心或無法理解教材。

在遊戲中學習——二十四小時，隨時奉陪！

講到教育，很少人會聯想到遊戲產業。但是遊戲業（尤其是線上遊戲）在「教我們學會玩遊戲」這件事情上，做得實在很好，當然，他們是為了自身的利益（這樣才能賣出更多遊戲），但不等於我們可以輕忽遊戲在教學上的驚人貢獻。

這些遊戲教育的數百萬人中，有很多無論在學歷或職場上都不算是贏家。這其實是我們這個時代最成功的教育典範，而成功背後的驅動力量，一是來自商業動機，二是讓學習變得有趣的渴望。以遊戲為基礎的互動，通常是透過實際操作循序漸進的，遊戲會愈玩愈複雜，只要能過關就會獲得獎勵。當然，不是每個人都對遊戲感興趣，但我們明明已經知道現有教

*妙樂公司是一家專門製作背景音樂的公司，百貨商場、餐廳、超市、醫院、銀行都有它出品的背景音樂。

育的問題，卻不去探究，那不是很好笑嗎？

最了解遊戲潛力的人，要算是遊戲設計師，同時也是《破碎的現實：遊戲何以改變世界》（*Reality Is Broken: Why Games Make Us Better and How They Can Change the World*）的作者珍・麥戈尼格（Jane McGonigal）。她的夢想是看到遊戲設計師獲得諾貝爾和平獎的提名。在我看來，那個夢想完全合理。

不過，儘管遊戲發展得相當成功，它也點出了電腦教育的一些局限（至少以目前的做法來看仍有一些限制）：遊戲的教育功能很好，但它只適用於想學遊戲的人。例如電腦程式能教我們學會下西洋棋，但如果遇上一個不願花時間使用電腦的學生，電腦也束手無策。

有時候，學生可能只在乎成績，而不在乎是否真的學到更多東西。例如西洋棋老師彼得・史諾（Peter Snow）指出，有些年輕的學生喜歡和電腦對弈，但他們會刻意把電腦的級數調得很低，這樣就能一直擊敗電腦。照理說，他們應該提升電腦的級數，讓棋局變得更有挑戰性，但他們不見得想這麼做。

託電腦之福，優質教育將隨處可得

如果說遊戲的教育效果真的那麼好，要如何證明這一點呢？最明顯的證據，可以從成就最好的人身上看到。例如，西洋棋神童——就像許多遊戲神童——平均年齡持續下降，就是因為有了更好的電腦教育。

一九五〇年代，菲舍爾在十三歲晉級為大師，大家都覺得是奇蹟。為 Chess.com 撰稿的大衛・普魯斯（David Pruess）敏銳地觀察到：「現在七、八歲的孩子所受的訓練，比菲舍爾那一代還好。」傑西・克萊（Jesse Kraai）的故事就是典型的例子，二十八歲時他是西洋棋大師，為了贏得在雷諾（Reno）舉行的西洋棋大賽，他比了六局，其中有四局的對手是小孩，那些孩子的平均年齡是十三歲。

這在歷史上是相當特殊的現象，而且不只西洋棋界如此。程式設計和社群網路圈，已經變成年紀很輕就可以有驚人成就的領域，例如祖克柏就創立了臉書。最近喬納森・魏（Jonathan Wai）、瑪莎・普塔拉茲（Martha Putallaz）、馬修・馬克爾（Matthew C. Makel）對神童所做的研究顯示，聰明人確實變得更聰明了，而且他們開竅的年紀愈來愈小。

這些超級明星將在年紀更小的時候，創造出更高、更驚人的顛峰。我撰寫本書之際，卡爾森是全球等級最高的西洋棋手，也是有史以來最令人佩服的西洋棋神童，十三歲就達到大師地位，十九歲拿到世界冠軍，創下年紀最小的紀錄。他來自挪威北部的通斯堡（Tønsberg），目前住在奧斯陸——一個人口不到一百五十萬的小城市——郊區，在網路普及之前，挪威從來沒出過叱吒全球的西洋棋選手，但是今天，卡爾森隨時都能上網下棋。

事實上，愈來愈多年輕的西洋棋手是來自遙遠的地區，包括中國和印度的偏遠地帶在內。頂尖的中國和印度棋手，從小就和電腦對弈，而且是透過電腦上網學習下棋的。

很久以前，國際西洋棋奧林匹克比賽都是蘇聯選手稱霸，不只是因為政府出錢培養棋手，也是因為世界上其他地方的人大都不太熱中西洋棋。但現在，你幾乎可以在任何地方精進棋藝，走上頂尖棋手之路。二〇〇八年和一二年，亞美尼亞這個小國在國際西洋棋奧林匹克賽中一舉奪魁，他們不像以前的選手那樣需要移居莫斯科。這個人口約三百萬的國家，長年以來一直坐穩國際西洋棋界競爭頂級的寶座。

類似的現象，我們也可以在線上教學領域看到。史丹佛大學的薩貝斯群．特倫（Sebastian Thrun）在網路上教導人工智慧時，發現表現最好的不是史丹佛的學生，而是來自窮國的學生，最常見的是印度人。過去，窮國的人很難得有受教育的機會，但今天他們卻有機會超越美國的菁英。這就難怪最近有人在討論，科技業者應該以線上課程作為招募人才的新方法。

當然，線上教學能否像西洋棋程式那樣迅速地擴散，還有待觀察，也很可能不會那麼快（畢竟許多大學都很保守，教職員都怕線上教學會害他們失業）。但趨勢很明顯：機器智能將讓優質教育隨處可得，將來當我們想要獲得優質教育，不需要再住在大城市附近，與菁英聚在一起也不像以前那麼重要了。在人機合作的時代，高所得比較可能流向頂尖人才。

電腦成了教育的重心，老師反而成了外掛程式……

說到電腦和西洋棋的教學，電腦程式不只是「外掛」而已，它們不是講師從口袋裡掏出來，讓課程變得更有趣或更新奇的東西。對最優異的學生來說，程式本身就是最好的老師。我甚至覺得，電腦成了主要的教學者，老師（人類）反而變成了外掛（無論這個外掛有多麼重要）。

從 iPad 和許多電腦相關的裝置使用習慣中，我們可以看到由電腦輔助的自學現象愈來愈普遍。例如學會使用 iPad 的小孩，是從操作中學習，他們透過試誤法，讓 iPad 來教導他們。你從店裡買到 iPad 時，紙盒裡並沒有操作手冊，你當然可以上網下載或上網閱讀手冊，但很少人這麼做。

將來，提供線上教學的組織，很可能就是哈佛、麻省理工學院、史丹佛之類的學校。這些機構及教職員的素質都很高，他們在未來繼續引領這方面的發展並不令人意外（麻省理工和史丹佛本來就已經是先驅）。哈佛和普林斯頓目前的商業模式，主要是行銷該校的**菁英**特質，並鼓勵校友捐款贊助這樣一個出色的教育機構。多年來，即使申請入學的優秀學生數量大增，這些學校所錄取的人數並未增加很多——想維持這種菁英特質，就不能大量錄取學生。

在這樣的商業模式下，你覺得哈佛和普林斯頓可能對數千名在孟加拉的優秀學生授予線上課程的學分嗎？想像一下：一位來自孟加拉首都達卡的十七歲年輕人滿臉笑容，因為他剛取得哈佛經濟學入門課的三個學分——傳統哈佛畢業生會怎麼看待這件事情？因此我猜想，這種情況不太可能很快發生，因為哈佛未必準備好放棄它的菁英光環。

但假設你的學校不是最頂尖的哈佛，而是「還不錯」——比方說，在全美排名第三十二名——的學校。這所學校雖然不是最負盛名的學校，但仍有不錯的名聲。這樣的學校可能會比哈佛更早開始授予線上課程學分，這麼一來，你認為孟加拉人會選哪個學校的線上課程呢——選最頂尖的哈佛課程、但沒有學分，抑或「還不錯」的紐約大學所提供有學分的課程呢？我猜想，多數人會選擇後者。

老師不會消失，只是角色改變了

我在本章一開始就提到，利用電腦學習，將會「改變」傳統的面對面教學，而不是「取而代之」。那麼，傳統的面對面教學，將來會變成什麼樣子？

拿西洋棋來說，因為有了電腦的輔助，西洋棋老師現在不再需要花那麼多時間指導學生如何分析棋步，而是改由電腦負責。當棋藝差的學生想挑戰高手時，西洋棋老師也不再是他們唯一的對象，電腦可以代勞。現在的西洋棋老師在某種程度上，成了指導學生如何使用電腦的人，同時在激勵、心理、下棋速度及指導潛在對手的心理弱點上也變得更重要。對年紀較小、經驗不足的棋手來說，他們需要學習的技巧包括保持冷靜、集中注意力、不要被年紀較大或棋藝較好的對手嚇倒。這些技巧對西洋棋很重要，甚至在西洋棋以外的世界更重要。

下一步，則是要讓老師學會諮詢電腦，進一步了解學生的學習概況。以我們經濟學來說，老師們也得與助教們合作，指導學生如何善用電腦、鼓勵學生、給學生正確榜樣、讓經濟學更深入淺出。換句話說，長期而言，教授得像個球隊教練或傳教士。

當我們說某個學校很好，通常意味著教授是授課的靈魂人物，有時候還會邀學生到家裡共進晚餐。然而，當前者——也就是授課——在線上教學的競爭下顯得沒那麼重要時，後者——聯誼功能——會顯得格外重要。畢竟，電腦程式無法像教授那樣，一邊吃晚餐，一邊談天說地。我們可以把未來的教學方式，想像成一種「教育節目」，而教授的角色就像個製作人。

我們會愈來愈清楚地看到，目前的教育基本上是基於人性弱點——多數人都無法靜下來學習——而發展出來的。這也是為什麼很多人都說，就算是諾貝爾獎等級的 YouTube 講座，也取代不了課堂上的教授，因為「教室」的存在是激勵學生非常必要的先決條件。

這個說法確實有道理，那讓我們進一步想想：如果課堂上老師的任務，是要激勵學生學習，那麼我們就應該聘請更多激勵專家，來指導教授如何激勵學生，讓教授就像個體育教練、個人治療師或家庭牧師——我認為這就是未來教授們的角色。

老師的角色，就是融合身教、囉唆和傳教這三件事而已

大家都知道，摩門教會非常擅長說服人們改信摩門教。我們先撇開宗教部分不談，來看看他們到底使用的是什麼方法，這些方法能否在改善教育品質上，給我們一些實用的啟示呢？

如果你上網搜尋「摩門教DVD」，會看到無數選擇，而且價格都不貴。但實際上那些改信摩門教的人當中，絕大多數都是被摩門教徒以面對面的方式說服的。雖然，教育機構還不想承認自己和教會有多麼相似，還不願承認自己的功能其實很簡單，就只是激勵懶人、讓懶人培養出良好習慣及成為有教養的人等等。

以目前的情況看來，大學教育的優勢正漸漸流失。我們還在逼自己相信，老師的教學品質和電腦程式的效果一樣好，但實際上，兩者差得太遠。很多老師沒那麼崇高，而且——我們不敢明講——再普通不過了：**老師的角色，其實就是融合身教、囉唆和傳教這三件事而已**。但是，這些大學卻得把自己包裝得很「高尚」（這樣才能讓更多人想來念大學），收取很高的學費（這樣才能讓他們賺更多錢，有更多行政人員替他們跑腿）。這樣的教育，不出問題才怪。

當然，不是所有學生都能像西洋棋手那樣，能夠忍受長時間獨自坐在電腦前。而且大學生需要更多激勵，需要有人評估他們的成績，並貼心地讓學生們知道自己的表現。因此我們不難想像，就算把全世界最好的課程免費放上網路，人們可能也不會太在乎。

未來的教育模式會變成什麼樣子呢？我認為，最優秀的學生受到的待遇，會類似現在的西洋棋神童那樣，他們會使用電腦程式學習，定期接受人類教師的指導和意見，並升級使用更好的新程式。他們會相互合作，朝某些學科發展。他們認真學習，知道職場上有高薪等著他們，促使他們更加努力、更嚴守紀律。

至於表現較差的學生，通常會去學校接受激勵。對他們來說，教育會變得更像海軍陸戰隊一樣，得講究紀律和團隊精神。像「虎媽」那樣的教養方式，雖然未必讓每個人都信服，但類似教養方式的好處，會愈來愈明顯。很多心軟的家長，會乾脆花錢請學校和家教來幫他們教養孩子，類似十九世紀時嚴格的英國寄宿學校，會以某種形式再度流行起來。比如說，倘若你的十一歲孩子跟不上程式教學，你會考慮送他去某個要求嚴苛的「精算師戰鬥營」。

其實，我們已經有了KIPP學校了。KIPP是Knowledge Is Power Program（知識就是力量計畫）的縮寫。這是一個全美開放註冊的學校體系，主要是為弱勢青少年所設立的。

在ＫＩＰＰ裡讀書並不容易，該學校堅持，學生的上課時間要更長——通常是週一到週五的上午七點半到下午五點，某些週六也從早上八點半上到下午一點半。暑假通常也有必修課程，課程內容普遍比一般美國弱勢學生在其他學校學到的還難。這裡絕大多數的學生是拉丁美裔或非裔美國人，校方會在做完必要的家庭訪問後，才讓學生入學。學生和家長也必須簽約，承諾他們會盡一切可能幫ＫＩＰＰ達成目標，讓學生順利進入大學就讀。

目前為止的研究顯示，ＫＩＰＰ確實為學生帶來很大的效益，而且這個研究結果已經先調整過以下的事實：ＫＩＰＰ學校可能一開始就吸引比較有學習抱負的學生。我並不是說，ＫＩＰＰ適用於所有學生，而是要強調這種教育方式，的確很適合某些學生——畢竟，**平庸世代已經再見了**。

將來，不只有學生的戰鬥營，老師的戰鬥營也會激增。在波士頓的對等教師培訓方案（Match Teacher Residency）中，這些未來的教師需要對角色扮演的學生做一百小時的實習教學。雅曼達·瑞普立（Amanda Ripley）在《大西洋月刊》（*Atlantic*）裡寫道：

模擬培訓機構（The Institute for Simulation and Training）在全美十二所教育大學裡開設

虛擬課程，使用人工智慧、五個兒童化身和一位幕後演員來協助教學。有些學員覺得模擬課程太辛苦了，因此決定放棄教學這條路。

想靠電腦模擬和各種機器智能來脫穎而出，老實說並不容易，但是對學生和老師來說，它們的確讓教學結果變得更好。

尤其，那些有魅力的老師未來在新的職場上，一定會更受重視，收入可能也很好。香港已經有補教名師，號稱「補習天王」，幫學生準備重要的學術考試。這些老師不僅好看、上相，連私生活也登上名人八卦報導。補習界天后打扮時髦，化妝完美，拒穿同樣的衣服兩次。據傳其中一位補習界天王伍經衡，年收入就高達一百五十萬美元，他的臉出現在補習班的廣告看板上，開的是藍寶堅尼跑車，車牌只寫著他的英文名：Richard。還沒有人徹底研究過這些補教名師的教學效果，但一般都認為，他們特別擅長吸引學生上課專心。畢竟，要是娜塔莉．波曼（Natalie Portman）或小皇帝詹姆斯（LeBron James）來教你念書，誰會拒絕呢？十六歲時能否在香港考試中名列前茅的差別，就在於你日後是進入頂尖學校或是一輩子平庸。

就算你是大師，也得不斷繼續深造！

一般來說，高學歷者的薪水高出愈多，就有愈多人願意吃苦，忍受嚴苛的紀律，或是付出大量的金錢，就為了加入高學歷者的行列。對這些人來說，把心理狀態提升為更遠大的抱負，可為他們帶來財富和更高的社會地位。家長會逐漸要求孩子，從小就使用智慧型電腦，以測出哪種技巧對小孩最好。

教育能提升多少天資或智力仍有待爭議，但「盡責」這個特質確實可以用來預測教育和職場上的成就，以及主觀的幸福感。然而，隨著資訊取得的增加，盡責這個特質會變得更加重要。**將來的重點，不再是家長有沒有能力負擔哈佛的學費，或學生能不能獲得面試官的喜愛，而是在於誰有定力坐下來好好學習，熟悉教材**。所以，教育有很大一部分將會轉為提升學生認真負責的程度，雖然不見得都會成功。

當一個人沒在做該做的事情時，應該有人以正確的方式點醒他——準時上線、別摸魚上網購物等等。這些都是不容易的任務，因為是在指責對方的行為錯誤，而且得讓對方有意願改過。總之，我認為將來指導或激勵專家會是很有潛力的熱門工作。

在就業市場中，「盡責」將會變成更重要的特質，同樣的，培養與挹注「盡責」的特質，在整體經濟中也會變得更重要。丹尼爾・阿克斯特（Daniel Akst）在二〇一一年的好書《遇上勁敵》（*We Have Met the Enemy: Self-Control in an Age of Excess*）裡，就是談論這個主題。**很多新的就業機會，將會出現在創新領域裡，這些新誕生的工作需要一些非常專精的技巧，但這些技巧不見得都和高科技有關，學校也未必有教。**

在職業生涯的不同階段，和智慧型電腦合作的人需要不斷再訓練與學習新的系統。有些人會選擇自學，並以程式及一些教師指導作為輔助，就像西洋棋神童那樣。平時不夠自動自發的人，則得逼自己在短時間內接受極端的訓練，以學習新技巧。剩下的其他人，則會淪為「吊車尾族」——勉強活得下去而已。

正如那些頂尖的自由棋手，其實有很多並未受過西洋棋的正式訓練，他們通常來自科技領域，但是除了極其聰明以外，他們都有強烈的進取心。例如赫南德斯（現在五十幾歲）目前在工作之餘，幫自由棋團隊設計開局手冊，在此之前，他當過陸軍傘兵和避險基金的股票經紀人，目前的正職是金融分析師。他指出，他擅長「重複性的枯燥任務」，而且「非常想贏」，所以很適合投入自由棋這個副業。他提到的那些特質也對未來的工作者很有助益。

還有賴瑞・考夫曼（Larry Kaufman），為雷布卡程式開發了評級功能，是科莫多程式的發明者。一九六八年從麻省理工學院的經濟系畢業，接著到華爾街擔任經紀人，不久就自己獨立開發有別於費雪・布萊克（Fischer Black）和麥倫・休斯（Myron Scholes）的選擇權定價理論，休斯後來因為這方面的貢獻而贏得諾貝爾獎。考夫曼的理論是以布朗運動（Brownian motion）和邏輯函數為基礎*，後者是取自於他計算西洋棋級數的公式。一九七〇年代，他透過一家交易公司使用選擇權定價公式，賺了不少錢，後來獲利消失時，他就停用了。之後，他全力投入西洋棋和電腦西洋棋的領域，研發的作品包括雷布卡和科莫多。他住在馬里蘭郊區最好的地帶，與美麗的妻子和小女兒住在一棟不錯的房子裡，他也是菁英教育結合多年積極自學的例子。如今考夫曼六十幾歲，依舊對智慧型電腦的理論與實務有開創性的貢獻，和赫南德斯都擁有在未來脫穎而出的技巧，最重要的是：他們都是不斷深造的大師。

---

*布朗運動是指懸浮在液體或氣體中的微粒所做的永不停息的不規則運動，此現象最早是由英國植物學家勞伯・布朗（Robert Brown）發現的。

第11章

每個人都要有單打獨鬥的能力

平庸科學的終結

我們之所以努力工作，不光是為了賺更多錢，我們都希望自己所做的事情是有意義、是重要的。有些人想當老師，有些人想當醫生，有些人想當粒子物理學家。但我們往往忽略了一件事：現在很多職業之所以存在，多多少少都與科學發明有關。那麼，科學的未來會怎樣呢？在科學界，平庸世代也再見了嗎？

科學是我們進行預測、掌控環境、了解世界的整體架構。不過，我認為科學在實務上將出現重大改變，理由可能不令人意外：機器智能。我們最終會放棄了解生活中的大部分科學——其實很多人早就已經放棄了。但我們正處於科學史上一個罕見的時點：**最重要的科學成果，仍然是可被一般只受過適度教育的人所理解的**——訓練有素的研究人員當然更不用說了。很多暢銷的科普書都極具啟發性，它們也許無法幫你判斷某個領域的可能演進，或了解所有的細微差別，但很多美國人即使不是科學家，也知道一些演化生物學的基本結果，或愛因斯坦的廣義相對論。

然而，這並不是說，未來的人都能有更豐富的科學知識。因為科學本身在許多領域裡，已經超越一般的理解範圍。很多科學將會變得更難理解，理由至少有三個：

1.在某些（但不是全部）領域裡，問題會變得更複雜，不容易出現簡單、直觀的大突破。

2.個人的科學貢獻，變得愈來愈專業化。這個現象已有數百年歷史，不太可能停止。

3.不久的將來，智慧型電腦本身會變成強大的研究者。

想要光靠人類的大腦來理解世界運作的科學，看來並不容易。

人類可能不再出現牛頓、亞當・斯密了……

隨著科學的進步，未來每一個新發現，若跟過去相比，將會比較接近專業化的結果，而不是什麼大突破。未來很可能不會再有牛頓、亞當・斯密或歐幾里得之類的大師，因為在這些領域裡，最重大的科學貢獻都已經出現了。新的重大貢獻當然還沒結束，但是會零零星星一點一滴地出現，比較可能是來自於研究團隊，而不是某位天才的創舉。

這種情況沒什麼不好，事實上，這讓我們看見一些科學的良好發展——科學家之間的溝通愈來愈迅速、卓越人才得以攜手研究當前的重大問題、我們已經完成了某些重大的科學突破。如今的科學比較偏向團隊合作，靠某位科學家單槍匹馬的研究會比過去少得多。

舉例來說，現在我們對於「證明」數學定理，不見得都有共識。一個重要的定理可能寫出數十頁或數百頁的論文，需要引用數百個數學領域的研究結果。定理的開發有賴於分工合作，單一個人無法知道定理是否成立，這需要一群數學家的驗證，把定理的各部分切分給適合的專家審查。這是對證據的集體判斷，只有在集體判斷之後，創新者才會知道他是否提出了重要的東西。

二〇一〇年，惠普實驗室（HP Labs）的研究員維內・迪歐拉利卡（Vinay Deolalikar）宣稱，他證明了知名的數學命題：P不等於NP。那是知名的千禧獎難題（Millennium Prize Problems）之一*，獎金是一百萬美元。最初連他自己都不確定他是否真的破解了這個難題，他以一百頁的論文把證明發表在網路上，開放讓科學界驗證。論文發表一年後，還不是很清楚算不算過關。許多數學家感到懷疑，迪歐拉利卡也坦言他的原始證明有問題。不過，他又重做了研究，在改寫的研究中，宣告他成功證明了。專家從不同的領域檢測那個證明，但後來懷疑愈來愈多，似乎已成定局。我撰寫本書時，這件事還沒有定論，不過數學界傾向於推翻他破解難題的證據。

葛利戈里・佩雷爾曼（Grigory Perelman）就做得比較好，他於二〇一〇年三月因證明了龐加萊猜想（Poincaré conjecture）**，而獲頒一百萬美元的千禧獎破題獎金。他早在二〇〇二和二〇〇三年就陸續發表論文，提出原始的證明，只是剛開始並沒有人確定他成功了。佩雷爾曼後來拒絕領獎，他說自己一點都不想要名利。

要培養自己單打獨鬥的能力

還有專業化，也正在改變應用科學和發明。過去，研究人員或發明者可以在幾年內學到某個科學或應用領域的全部知識，並迅速提出創新，他們往往都是獨立運作或是在很小的團隊裡運作。例如，推動工業革命的重大發明，通常是出自業餘發明家的手筆。今天，這種情況愈來愈難出現了，因為成熟的領域有太多知識需要熟悉，可能需要花長達十年或更久的研究，才能在這些領域裡達到頂尖。而且就算你終於有能力發明出新的東西時，你的貢獻只是比現況稍微多改善一點點，搞不好等到你發明推出時還有點過時也說不定。因為就在你努力研究的同時，別的研究者也不斷地前進。

倒是在一些尚未很成熟的領域，我們可以看到較大的突破。就像我前面提過，臉書創辦人祖克柏早在哈佛念大學時，就已是社群網路界的先驅，他不需要花太久的時間，就能把整個網路產業的來龍去脈弄清楚，並迅速想出新點子。他創立臉書，得感謝不少人，例如Friendster 和 Myspace 等早期出現的社群網路，基本上是臉書的雛形。但臉書還是得歸功於他個人的遠見和專業，至少在產品發展的最初幾年，祖克柏對於臉書的運作方式已有通盤的看法。當時社群媒體仍是很新的概念，所以比較容易有重大的貢獻。

---

*千禧獎難題，又稱世界七大數學難題，由美國克雷數學研究所於二〇〇〇年對外公布，只要通過兩年驗證期，每解破一題的解答者，會頒發獎金一百萬美元。

**由二十世紀初的法國數學家龐加萊提出的一個猜想，也是千禧獎七大難題之一。

在快速創新的領域，「單打獨鬥」的力量不容小看。任何單一發明家或小組織，都可以有重大的貢獻。拿祖克柏來說，沒錯，初期他的確需要一些協助和金援，但大體上很少人有足夠的權威去告訴他「不，你不能這樣做」。打從創業以來，祖克柏就很有遠見，而且在必要時也會改變策略，這正是小團隊創新的好處。

不過，今天「為社群網路寫程式」已經不是很新奇的事情了，程式設計者現在愈來愈專注的，是細節的調整。整個科學和應用發明領域，許多重大突破早在很久以前就已經誕生，已經沒多少空間讓祖克柏突破了。今天，你坐在車庫裡或校園的宿舍裡，再也很難想出更好的設計汽車方法。

不過，倒是有一種新的趨勢值得注意，就是機器智能所帶來的新機會。智慧型電腦可以在科學團隊裡扮演某種研究者的功能，例如當你想出更好的輪胎設計，但沒有專業駕駛與車子讓你在下雨濕滑的道路上實測，這時候也許電腦模擬可以幫你——即便你不像通用汽車（General Motors）那樣擁有龐大資源也沒關係。

在「隨時可能出現科學突破」的領域，創新者極其重要，他們可以迅速重新定義整個產業，大部分的知識可能都存在他們的腦中。然而，隨著知識的持續累積，這些領域會漸漸變成整體知識當中的一小部分，再也沒有任何一個人有能力了解全局。以我自己所在的經濟學領域來說，共同執筆的著作愈來愈普遍，而且合著的作者人數也變多了，其他科學領域也是如此。

總有一天——容我大膽地說——科學會因為不可思議的事物愈來愈多，而看起來愈來愈像宗教和魔術。運作的部分將會被隱藏起來，就像iPhone不必讓你看到它的運作原理一樣。到時候你每天都會在工作上，或是以顧客的身分，接觸到科學的神奇。

以後，將會變成「沒人」看得懂方程式……

許多科學將會變得更難理解，還有另一個原因。

三十或四十年前，期待宇宙學、基礎物理學、遺傳、甚至總體經濟學將可以用某種簡單又非常有說服力的一般方法理解，可能是合理的期望。例如，愛因斯坦的廣義相對論乍看之下有悖常理，卻是比較簡單的架構。一旦你了解了，就能以那些說法思考。你可以辯論時間旅行的悖論以及科幻電影內的一些噱頭，或是發現那些噱頭違反基礎科學，有些人甚至可以用方程式寫下來。

但是近代在許多特定的領域裡，想要再看到比較簡單的重大突破，已經不太可能了。科學是進步了沒錯，但整個世界似乎也變得更複雜難解。例如我們愈來愈常以遺傳學來解釋人類行為，但是基因和結果之間的關係日益混亂複雜，就連人類的身高（這顯然是遺傳特性）也涉及數十種不同的基因，而且科學家仍持續發現更多的相關基因。即使基因在同性戀和自閉症裡扮演重要的角色，但是我們不會找到單一「同性戀基因」或「自閉症基因」。

或者，我們可以來看最近發現的希格斯玻色子（Higgs boson）*。一方面，它奠定了先前的粒子理論，並以實證把零碎的細節做了歸納整理。但另一方面，研究人員也想知道，目前我們的認知底下還有什麼更深的「大一統場論」（Grand Unified Theory）**。

在某些科學領域裡，我們可能已經到達人類大腦無法充分解說當前研究內容的時點了，而且可能連諾貝爾獎得主都無法說明清楚。到頭來，頂尖科學家可能不是「徹底了解」的人，而只是對他們腦中的真理有模糊概念的人。如今的宇宙學、成長分析學或總體經濟學的最新難題，都比四十年前或甚至二十年前提出的問題複雜且先進許多。未來的進步不一定能讓我們回歸比較簡單的世界，反而比較可能帶我們往更複雜的方向發展。如果我們持續依賴機器智能來計算數據，以它來取代簡單與容易理解的總體架構，將來的世界就更加複雜、更難理解了。

拜高等數學所賜，我們開發出鮮少人能懂的理論。布萊恩・葛林（Brian Greene）在他的暢銷科普書《優雅的宇宙》（*The Elegant Universe*）裡讓大家多多少少對弦論有了一些了解，但弦論本身並不是能夠直覺理解的東西。也許沒有人真正知道假定十個次元或更多次元是什麼意思，我們可以用高等數學來處理那些次元，但這個例子正好讓我們看到：科學理論是有可能發展到無人能懂的境界。你只要試著閱讀下面的說明就好了，這是節錄自維基百科的「弦論」第一頁，應該已經盡可能以大眾可理解的方式書寫了。

> 弦論假設原子內的電子和夸克不是零次元的物體，而是由一次元的弦組成。這些弦會震盪，讓那些觀察到的粒子有風味、電荷、質量、自旋。弦的震盪模式中，有一種是無質

＊由英國物理學家彼得・希格斯所命名，俗稱為「上帝粒子」，是一種質量大、無自旋且不帶電荷的粒子。

＊＊物理理論，希望能藉由一個單一理論來解釋電磁相互作用、強相互作用和弱相互作用導致的物理現象。

量、自旋二的狀態，稱為重力子。這種重力子狀態的存在，再加上弦論方程式包含了愛因斯坦的廣義相對論方程式，這表示弦論是重力的量子理論。由於大家普遍認為弦論在數學上前後一致，很多人希望它可以充分說明宇宙，變成一切的理論。弦論裡有一些組態描述了所有觀察到的基本力量和物質，但宇宙常數是零，還有一些新的場域。其他組態的宇宙常數值不同，是半穩態，但長久的。這使很多人相信至少有一個半穩態的解，在數量上和標準模式相同，有個小宇宙常數，包含暗物質和宇宙膨脹的合理機制。目前還不知道弦論是否有那樣的解，也不知道那個理論在挑選細節上允許多少自由度。

我們再繼續看：

弦論也包括不是弦的物體，稱為膜（brane）。Brane這個字是源自於membrane（薄膜），是指多種不相關的物體，例如D膜、黑P膜、南夫—史瓦茲五膜（Neveu–Schwarz 5-branes）。這些都是延伸物體，是向量勢電磁場（vector potential electromagnetic field）的微分形式一般化的帶電源。這些物體彼此之間有多種二元性，像黑洞一樣的黑P膜可用D膜（弦的末端）辨識，這種辨識稱為「規範—重力二元性」（Gauge-gravity duality）。這種等價研究促成了量子色動力學的新見解，這是強核力的根本理論。弦是封閉的環圈，除非是遇到D膜，才會開啟為一次元的線。弦的終點無法脫離D膜，但可以在它的上面滑動。

這兩段嚇人的摘要不是要讓我們對這個理論反感，只是反映出先進工具如何帶來一些多數人（幾乎全人類）不易理解的理論。

如今在科學的許多領域中，常看到研究人員寫下鮮少人能懂的方程式。不難想像，以後將會變成「沒人」看得懂方程式——也許我們現在已經到達這個時點也說不定。了解當然有程度之分，我們可以想像某個領域的科學家了解他們發現的結果，只是他們了解的部分愈來愈小。

這是很可能發生的，因為那是團隊發現的結果。其他部分的理解，則全在其他研究人員的腦中，或是由智慧型電腦產生的。這就好像汽車的裝配線上，沒有人很懂汽車的運作，也沒必要懂。一如亞當・斯密、弗里德里希・海耶克（Friedrich Hayek）、邁可・博藍尼（Michael Polanyi）所強調的，市場經濟會持續演進，直到我們很難了解生產的整體相互關係，同樣的道理也可以套用在科學的許多分支上。

過去仰賴神童，未來得靠中年人

整體來說，這個現象也會影響到科學成就的年齡結構。過去，年紀較大的科學家，通常不是那麼大膽、創新，概念上也比較穩定。愛因斯坦曾說：「三十歲前要是對科學沒有重大的貢獻，以後也不會有了。」這說法有其道理：年輕時候的創新往往最新奇、最有革命性。年歲漸長以後，我們累積了智慧，卻也失去一些優勢（例如敏銳與推翻既定方法的意願）。

但是現在，這句話已經不成立了。年紀較大的中年研究者，今天反而比較可能帶來較多突破，因為只有他們有足夠的知識，能抓住較完整的全貌。

研究員布魯斯．溫伯格（Bruce Weinberg）和班傑明．瓊斯（Benjamin Jones）分析一九〇〇到二〇〇八年間，五百二十五位諾貝爾物理學、化學、醫學獎的得主。結果發現，這些領域都呈現相似的趨勢：開創性研究者投入得獎領域的研究時，年紀都較大，而且一做就是好幾十年。

一九〇五年，諾貝爾物理學獎得主大都在三十七歲做出突破，但是到了一九八五年，年齡已經上升到五十歲。同一期間，締造諾貝爾化學獎成就的平均年齡，也從三十六歲升至四十六歲，醫學獎則是從三十八歲升為四十五歲。一九〇五年以前，諾貝爾獎得主中有二〇%不到三十歲，但是到了二〇〇〇年，幾乎沒有這樣的青年才俊獲得諾貝爾獎。無論我們喜不喜歡，科學的突破已經有賴中年人出手了。

這些發展對某些領域來說可能會有問題，例如數學，因為數學向來非常依賴神童。如今當一般人更容易取得數學神童所擁有的知識時，也讓神童更難成為神童了。

我們需要接受這些趨勢，也許它們無法逆轉，或不該逆轉。我在前面提過，現狀及其未來的可能方向有很多有利的因素，包括科學溝通與合作變得更容易、更容易取得科學資料、更強大的電算能力、智慧型電腦大增，以及更多人有機會從事科學（包括中國和印度）。總之，我們不可能再像歐幾里得那個年代，光靠一本書或一套講義，就顛覆或改造整門學科。這基本上是一種進步，但卻是一種不尋常的進步。

當然，這種不尋常的進步有個問題，就是：難以規範。科學界的管理者、贊助者與政府官員，會愈來愈難掌握許多科學領域的發展狀況，科學的不可預測性也將會對信任——無論是對特定機構、科學家或獎勵機制（例如諾貝爾獎）的信任——造成愈來愈大的威脅。

一個更多人能參與科學的新世界

目前的科學研究，大都看起來像「人類指揮電腦，讓電腦協助人類做研究」，但我們以後會更接近「人類提供資料給電腦，讓電腦自己去研究」，然後再「由人類詮釋電腦的研究結果」。電腦會更貼近實際研究的核心，甚至負責設計研究方案，人類將只是在服侍電腦，而非進步的驅動者。

智慧型電腦可能會提出新的宇宙理論，但很可能沒有人能了解或闡述得了那個理論。也許它會指出太空中看不見的維度，或是提出對時間的非直觀理解。智慧型電腦會告訴我們，理論做出很好的預測，而且我們可以用一台智慧型電腦去檢測另一台智慧型電腦的預測。不過，我們身為人類，依舊無法充分理解該理論的意思，甚至連最優秀的科學家，也只能了解智慧型電腦的部分研究。那就像對一個五歲的孩子解釋元素週期表，也許還是可以加減解釋，但對方仍是難以輕易理解的。

追求更好的科學，會進一步促成這種普遍難以理解的狀態。機器智能用來做人類本來就懂的任務和計算時，不是那麼有價值，頂多只是做得更快而已。但是用來做人類無法處理或理解的事情，卻能帶來許多潛在效益。這就是機器與人類之間的分工和互補，一旦智慧型電腦加入研究，分工和互補就會把科學結果推向一般人難以理解的知識。

一般科學大都不符合這種模式，例如研究員蒐集與精進某種海星的消化系統資料，或是研究火山的熔岩等等。在那些例子中，無論有沒有智慧型電腦，可能都沒什麼新的宏大理論正在醞釀，就只有更多的資料蒐集、更多的假設驗證，以及緩慢精進與改進現有的知識而已。知識的分工將會增加，以後會更難通盤了解海星消化系統的科學，不過透過網路，會更容易找出某個領域裡的特定知識。以後會有很多的「微理解」，但是非專家比較難獲得綜觀大局的思維。

人類所剩的科學知識，會變得非常務實、非常預測導向，而且主要是用來改善生活。這些都是好的發展沒錯，但未來科學的發展方向卻不見得都那麼讓人樂觀。比方說，將來一般受過教育的大眾在某種程度上，將無法從科學去理解世界，我們可能因此放棄長期以來對科學推論的重視。

不過值得慶幸的是，一般大眾中學歷較高的族群，即使不見得對整體科學理論有充分了解，也有能力更深入參與科學了。例如業餘研究者，無論是否熟悉新星和黑洞，都可以使用望遠鏡和電腦觀察天空，尋找新發現。再例如業餘賞鳥者對鳥類學資料和研究的重要性——沒錯，這已經發生了。我們每個人同樣也可貢獻自己的健康、飲食、寵物行為的數據，以促成科學和醫學研究。這些專案所衍生的大量資料匯集和操作，稱為「公民科學」（citizen science），是正在興起的趨勢。我們每一個人未來將逐漸變成執行者和參與者，而不是了解的觀察者而已。

經濟學會變得愈來愈像在研究海星的消化系統

接下來，讓我談一下我所擅長的學科——經濟學。過去十年，經濟學的研究重點有很大的改變。而且這些改變主要是來自網路產業，而不是學術界。

當網路公司思考他們的商業模式，並試圖向顧客推銷時，他們通常會使用大量沒經過篩選的龐大原始資料。他們之所以這樣做，原因很簡單：他們就是有辦法取得這麼多資料。臉書、谷歌、亞馬遜等公司，擁有大量可以隨意使用的資訊，比學術界的經濟學家所能接觸到的資訊還多。

這些公司處理資料的方式，是基於對理論模型的懷疑。他們自己編寫程式來處理資料，而且設法歸納出實用的結論。他們絕不會像學術界，研究「如何用瓊斯模型分析使用 Google 的理由」或「用布朗模型分析上亞馬遜買什麼書」這類的題目，而是直接看數字，從中找出端倪。

近來經濟學的發展模式，就像這些網路公司：資料豐富，但理論結構較弱。強大的資料處理和謹慎的資料蒐集，逐漸取代了理論。我們尚未淘汰經濟學模型，因為有些模型仍然非常好用——舉例來說，在其他條件不變下，當價格上漲時，人們通常會減少產品或服務的消費。但這些都是老舊理論，真正重要的進展，將會來自我們（透過現場實驗、實驗室實驗和隨機對照試驗）所蒐集到的龐大資料，以及我們處理這些資料的方式。

目前的狀況，我歸納如下：(a)資料更好，(b)實證的標準更高，(c)複雜的理論增加很多，但影響力沒增加那麼多。數理經濟學、計量經濟學、複雜經濟學、賽局理論持續成長，一如我們對多元與專業學科的預期，但是它們的影響力已不如以往。經濟學變得愈來愈不像愛因斯坦或歐幾里得，比較像在研究海星的消化系統。

要不要調整利率？會不會發生金融危機？問電腦就可以了！

這年代真正發揮強大影響力的經濟學家，要算是艾絲特．杜芙若（Esther Duflo）和阿比吉特．班納吉（Abhijit Banerjee），以及他們在麻省理工學院貧窮行動實驗室（Poverty Action Lab）的同仁。

我曾經到印度的海德拉巴（Hyderabad）參訪他們的一項田野調查專案，這個專案有數萬名參試者，分為兩大組，其中一組取得了微型信貸，另一組則否。這兩組人是來自生活水平相似的社區，實驗目的就是想了解微型信貸是否對這些貧民有助益。幾十位助理幫忙蒐集貸款者的資料，包括參與微型信貸計畫之前與之後的狀況。那些資料涵蓋了收入、新工作或事業、積欠還款，以及日常經濟生活的其他特色。

研究團隊所設定的基本問題很簡單：取得微型信貸的人，是否發展得更好？結果發現，那些取得微型信貸的人，比較可能創業，也誕生了這篇經典的論文。這是繼耶魯大學的狄恩・卡蘭（Dean Karlan）所做的另一個大規模隨機對照試驗以來，另一項最重要的微型信貸研究。這是一項非常重大的突破，因為經濟學家不再像過去那樣，直接從政府機構抓取公開的資料庫直接做迴歸分析。光是設計這項田野實驗，就是人類非常獨特的貢獻，不是智慧型電腦可以複製的任務。

在經濟學之外，未來電腦程式將會看很多數字，用比目前的實證研究者更複雜的方式來尋找型態，再回報結果。你可以想像，從社群網路採集到的無數個人檔案，接著分析性別、年齡、生活地點對音樂品味的影響。這些程式會確認一些我們早就相信的關聯，顯現我們目前還不了解的關聯，或許還會提出一些過去我們想都沒想過的發現。

我們社會學界的模型建構，就像「深藍尚未出現的西洋棋界」。今天，建構模型仍然非常重要，因為社會學界裡的「深藍」，至今還沒出現。

在經濟學中，機器智能的初期使用，將會加強我們對經濟現象背後一些基本規律的了解。我們將會對金融危機之前出現的現象、什麼可以預測股票報酬，或什麼文化因素領先於經濟發展，有更精確的了解。在經濟上，對於那些我們本來就已經知道的事，我們會更放心，只是有時候得稍微修正一下看法而已。長期來看，總有一天隨著資料品質的改善及資料數量的倍增，機器智能可能會告訴我們，某些法規倘若搭配某些貨幣政策，就會導致金融危機，而我們可能根本無法理解原因。我們也許會搜尋電腦，設法理解電腦為什麼會得出這樣的結論，但由於資料太多、模型太複雜，我們根本不會有半點頭緒。我們會知道如何把資料輸入電腦，如何使用電腦相互驗證，以及如何使用電腦的結果，但是到了某個時點，我們將不再有能力了解，電腦的預測是怎麼歸納出來的。

最終，多數經濟學家的職能都能由電腦代勞，而未來的經濟學家不再是獨自建構理論、測試理論、撰寫結果的學者，他們會逐漸和電算能力合作，專門彌補程式驅動進步時的不足之處。發表研究的概念仍會存在，但是重要的發布管道將會採用電腦可讀的標準形式。**我們不再「閱讀文章」，而是要求程式吐出它研究的結果**，歸納目前為止的研究，就像雷布卡吐出棋步的評估報告一樣。個人的期刊文章會變成輸入程式的資料，而「專家」可能變成受過訓練、可以了解電腦輸出或把資料轉成電腦可讀形式的人，而不是實際得出研究結論的人。這是未來五十年，我們在經濟學界可能預期到的最大改變。

一種全新的經濟學家即將誕生

經濟學是社會科學中，受電腦影響最大的學科之一。今天的博士候選人都對資料非常精通，但卻對個體經濟缺乏深入見解。你可以問他們一些簡單的個體經濟問題（例如那些芝加哥大學拿來問大學生的問題），他們很可能答不出來。又如果你問剛拿到博士學位的求職者：「在什麼情況下，允許（而不是禁止）廠商付上架費給超市，以換取上架空間，會對消費者更有利？」通常你會發現，他們一臉茫然。這是很基本的個體經濟邏輯問題，但是現在大家已經不太教這類的推理了。這也就是為什麼整體來說，二十幾年來經濟學這一行，在理論方面幾乎沒什麼進步。

例如在發展經濟學和勞動經濟學——這兩大領域都需要大量資料，也愈來愈重要——裡，開創性研究所使用的理論都比二、三十年前使用的還要簡單。因為，更簡單的理論讓我們更容易運用電腦來分析資料，或是設計可行的田野實驗。這一點，經濟學的發展方向和理論物理學或宇宙學很不一樣。會被使用的經濟學理論變得愈來愈簡單，而比較複雜的理論正漸漸失去影響力。

今天，關於總體經濟的論戰，不再是關於「凱因斯學派」、「貨幣學派」或任何學派，資料才是王道。倘若我看到一篇約二〇一三年發表的重要經濟論文，我猜想這篇論文很有可能是從資料中歸納出某種發現，而不是提出新的理論。

另一種觀察理論逐漸式微的方式，則是看近代幾位名人的研究方向：經濟學家史帝芬・李維特（Steven Levitt）寫論文探討嬰兒名、運動、老師會不會作弊、社會學教育和其他領域裡的經典話題；諾貝爾經濟學獎得主蓋瑞・貝克（Gary Becker）花數十年的時間研究家庭行為；至於贏得諾貝爾經濟學獎的丹尼爾・康納曼（Daniel Kahneman），則根本是個心理學家；克魯曼也曾明確地表示，他偏好用比較簡單的模型。政治學有很多開創性的研究是由經濟學家做的，只是以「公共選擇」或「政治經濟學」為名。我認為，以實證為主的社會科學未來會漸漸整合。到最後，社會科學的研究人員會把心力投入尋找新的資料，或是設法創造新資料。

重視理論的經濟學家，未來會有不一樣的生存之道。他們將會減少進行原創的研究計畫，代之以成為他人研究計畫的評審，詮釋別人的研究——不僅是詮釋給社會大眾理解，也是為經濟學界的同行詮釋。總之，這些人會坐在電腦前面，就像自由棋手威廉斯那樣，儘管他們不會有卓越的研究成就，但他們有辦法看懂電腦吐出來的資料究竟是什麼意思。

這是一種全新的經濟學家（或許要稱他們是科學家才對），會有不錯的收入及一定程度的名聲，這種人的數量將會倍增，也可能是少數清楚知道自己在做什麼的人。

第12章

告別平庸世代

更多富人，也更多窮人的未來

二十年到四十年後，我們國家會變成什麼樣子？新的職場趨勢，會如何改變我們的政治？

這不禁讓我想起紐約洋基隊捕手尤吉．貝拉（Yogi Berra）講過的一句俗話：「預測很難，尤其是預測未來。」不過，預測還是可以幫我們了解現在，以便列出幾種可能的趨勢。很多人可能會對其中一些趨勢不以為然，那也沒關係，我們先了解一下這些趨勢是怎麼發生的。

我們將從一個「期待每個人都可過不錯的生活」的社會，走向一個大家都必須比現在更努力討生活的時代。我想像，未來的世界將會有一〇%到一五%的人極其富有，過著相當優渥的生活，就像現在的富豪一樣。

剩下的多數人，則得面臨薪水停滯或甚至下

滑的生活，只是會有更多機會享受便宜的娛樂及價格平實的教育。這些人又可分為兩種：一種還是可以過得很好，他們經過訓練、守紀律，會善用各種免費或近乎免費的現代科技，但剩下的其他人，則會活得很辛苦。

「我們是八五％！」的口號，也許聽起來不像占領華爾街的口號那麼響亮，但以後我們會愈來愈常看到有人援引「實力至上」這個說法，來回應收入不平等的現象，無論你覺得那是解釋也好，理由也好或藉口也好，反正你都會愈來愈常聽到這種說法。有上進心的人，會覺得出人頭地比以前更容易。將來會有一群出身貧窮或弱勢背景的人爬上社會頂端，白手起家的故事將會再度出現，但只會發生在具有適當技能的族群身上。換言之，會成功的，是那些有上進心、又有能力使用新技術的人。在印度和中國，新一代中上階層的崛起，最能明顯反映這樣的趨勢。

在「實力至上」的時代，收入不平等現象會更加明顯。傑出的人才會不斷地從貧困中崛起，也因此更容易把那些落後的人遠遠拋在後頭。富有階層也會愈來愈奮發，不斷累積更多財富，影響力也日益龐大。他們的價值觀將會塑造輿論——這也意味著，未來的社會將更重視個人抱負與自動自發的上進心。上進心有多強烈，將會成為預測一個年輕人未來是否飛黃騰達的最好方法。

今天我們社會常見的一些偽善，在未來會更常見。例如，我們常聽到在名校享有終身教職的經濟學教授，倡導諸如社會安全網（社會福利保障）等自由派所主張的政策。但如果你請這些人說說看，他們在學術界需要聘用助理時，會雇用哪種人，或是問問他們，通常會為什麼樣的學生寫工作的推薦信，他們很可能還是——通常也會以高標準要求——「實力至上」的信徒。比方說，如果看到一個博士班學生在學第五年，工作都還沒著落，他們很可能會說那是因為這位學生「工作使命感不夠」之類的話。然而，談到社會安全網等公共政策時，這位教授很可能不敢用同樣嚴苛的措辭，因為他怕自己的說法會讓外界認為他簡直跟查爾斯・莫瑞（Charles Murray）之類的保守派人士是一夥兒的。老實說，保守派和自由派之間的價值觀，真不像人們所以為的有那麼大的不同。

繼續下去，政府財政一定出事

前面已經探討過，未來的勞動市場將會更兩極化，教育也會更便宜。接下來，我想來談談政府的角色。首先，我想談談公共部門的預算——也就是政府該如何賺錢？該如何用錢？

我們所面臨的第一個問題很明顯：如果很多美國人的薪資成長停滯（但又不是所有人都停滯），美國政府該如何做到收支平衡？

自從爆發「債務上限」爭議與「財政懸崖」危機以來，我們一直在討論美國的財政收支問題，並爭論著到底政府應該先加稅，還是應先減少開支？大家都知道，兩者都是必要的，光靠其中一項，政府很難做到收支平衡。

例如醫療保健成本，以複利計算的話，每年約成長五%或更多，雖然最近擺脫不景氣後有減緩的現象。儘管大家都在說這種成本膨脹的趨勢必須終止，但它還是持續迅速地成長，遲早壓垮我們的經濟——算一算就知道，當一個數字每年成長五%，每十四年就會增加一倍。

再加上，美國人口正在老化，提早退休，壽命增長，即使用很嚴苛的計畫控制醫療保健成本，也會像逆水行舟一般困難。萬一大家的壽命都比目前預期的壽命還長，或發生金融危機、戰爭、環境問題或其他重大災難導致經濟成長減緩，這個問題將會更嚴重。在我撰寫本書之際，美國政府開支的每一美元中，約有四十美分是借來的，那是無法持久維持下去的狀態，遲早一定會出事。

政府官員與經濟學家們一直在討論，到底該如何解決這個棘手的難題。很多人都認為，削減開支和增稅的確都該做，但實在杯水車薪。這似乎意味著，要嘛政府得廢掉整套醫療保險計畫和社會福利制度，要嘛得把稅率調到極高，才有可能解決問題。但就算你同意這兩者都該做，它們在政治上都很難獲得支持。

至於放任政府倒債，也是不可能的選項，因為那會導致全球有史以來最大規模的金融危機，外加又一次的經濟大蕭條。我們的貨幣市場和銀行都會崩解，失業率將會急速暴漲，而且經歷這一切之後，我們還是必須大幅削減開支。

要向《哈利波特》的作者課更多稅？別傻了……

一般認為，讓金字塔「頂端的一％」繳更多稅，就能支應未來的開支。雖然我確實認為有錢人最後還是會支付較多的稅金，但基於幾個原因，我認為那不太可能解決問題。為什麼富人繳納的稅金，無法支應政府的所有開支呢？

首先，再過一小段時間，富人的財富就會在經濟中占更大的比例，而當富人的財富增加，也意味著他們的影響力也會增加。我說的，不只是頂端一%而已，試想，當富豪占一〇%的人口時，那是影響力極大又充滿權勢的族群，比現在的富人還要強大，你能想像這群人自己加稅來支應全國的未來嗎？我覺得不可能。

第二，從富人身上要更多錢不見得容易。他們比一般人更有能力避稅、核銷、扣抵，會設法利用一些免稅的營業津貼和海外帳戶——這些都可以請最好的律師和會計師幫他們打理（也許未來會出現電腦律師和電腦會計師）。你可能會說，這些避稅「管道」可以被政府杜絕，但實際上從來沒有，我也不覺得會很快發生。當然，在那些最有錢的階層之下，有些高收入者沒有這樣的管道，但你要提高他們的稅率，效果還是有限。例如，假設你是紐約市收入很高的律師，目前你除了繳納五〇%以上的聯邦所得稅以外，你還得支付州政府和地方政府的稅以及營業稅。換言之，想要提高他們的稅率，已經沒有多大空間了。

最根本的問題，是經濟學家所謂的「稅收歸宿」（tax incidence），那是指：你可以對高收入者課徵較高的稅率，但不保證他們就是實際負擔稅賦的人。舉個例子來說，假設我們想對《哈利波特》的作者J. K.羅琳徵收較高的稅率，她可以設法轉而向出版商要求更好的條件，她的書本售價也可能因此提高，最後買單的反而是她的讀者們。

稅收最後如何轉嫁到薪水、售價、資本報酬上，長期以來一直是經濟學家深入研究的複雜議題。我們還不知道應該怎麼做才對，但我們確實知道，很多稅到最後都是轉嫁給其他人了。我們也預期，未來優秀的高收入勞工無論如何都會很搶手，雇主為了搶人，會付給他們更高的薪水以因應他們負擔的稅率。如果稅賦的重擔最後是轉嫁給一般老百姓，那又何必對高收入者課徵更高的稅呢？

換言之，稅率或許會上升一些，尤其是針對富人和資本擁有者的稅率，但還是不足以解決我們國家未來的財政問題。

可以砍窮人預算，別想動老人腦筋

那麼削減開支呢？當然也不夠。雖然我也預期有些開支會刪減，也確實應該刪減。但是你看看政府的預算書吧，如今最大的三個問題是什麼？是社會福利（Social Security）、醫療保險（Medicare）、醫療補助（Medicaid），而且醫療保險即將變成最大的問題。前兩項幾乎是專為老年人設的（外加一些殘疾人士），近三分之一的醫療補助支出也是給老年人的。

老年人的投票率高，他們不會希望這些計畫受到刪減，美國的各種醫療機構（如今幾乎占五分之一的經濟）也不希望刪減這些計畫。

將來老人的人數只會增加，醫療機構的數量也是，所以，如果我們現在都無法刪減這些計畫，你認為十年或十五年後就能刪減嗎？

最重要的是，為了平衡未來的預算，需要刪減的幅度太大了。如果現在想透過刪減開支來平衡預算，我們幾乎必須完全刪除醫療保險、醫療補助和社會福利。我講的，是「完全」刪除這些開支，不是把它們轉移到某處或轉成別的東西。有很多方法可以把這些開支計畫的一部分私有化，但這些方法的共同點都只是「轉移」這些計畫的成本，而不是「消除」這些計畫的成本。

我認為，提供老年人、貧困者及其他團體的援助總額是不太可能減少的，不管我們是否贊成，結果都一樣。我們可能擴大補助裡的一些差額，例如拒絕涵蓋特定的個人（例如外來移民），或拒絕涵蓋某些醫療項目，但是老人醫療費用的總額及每人的平均金額，還是只會增加，不會減少。這是西方社會十九世紀末以來的普遍趨勢，沒有一位改革者真的挑戰了政府的權益支出（entitlement spending）並成功削減的*，包括柴契爾夫人和雷根總統都沒辦到，畢竟，人民太喜歡這些福利了。

也就是說，政府補助會逐漸無法滿足愈來愈大的需求，所以大家會逐漸把不平等待遇視為常態。無論是左派分子、茶黨或其他團體贏得美國大選，結果都會是如此，這跟意識形態無關，數字就是這樣說話。十年後，美國人口老化，再加上醫療保健成本上升，勢必迫使我們面對一些非常劇烈的財政變化。

稅率會調升、窮人的醫療補助會削減、財政缺口將由薪資補貼

我預測了幾個變化，從最明顯的開始講起：

1. 稅率會稍微調升，尤其是高收入者的稅率。

---

*權益支出即人民的既享權益支出，包括聯邦醫療保險、醫療補助計畫及社會安全保險等支出。

2. 我們會削減窮人的醫療補助（但是對老年人的醫療補助刪減不多），方法是補助資格的要求變得更嚴苛，以及降低給醫生的給付費率，醫生將會要求計畫的受惠者排隊候診。

3. 財政缺口將由實質薪資補貼，因為不同的成本負擔將會透過雇傭關係的條款（包括昂貴的雇傭強制規定）轉嫁給勞工。

4. 財政缺口將由土地租金補貼，換句話說，當大家開始搬到比較便宜的地方居住時，生活費用會下降。

5. 我們也會花較少的錢在垃圾物品及浪費的開支上，以逐漸償還日益嚴重的債務。

我的推論，是基於美國政治多年來的一句老話：「老人總是喊水會結凍。」以後老人的數量會更多，他們都很樂於投票支持養老福利。到了二〇三〇年，整個美國幾乎五分之一的人口，都會跟現在佛羅里達州五分之一的居民一樣老：六十五歲以上。鮮少佛羅里達的政治人物能在主張大幅刪減社會福利和醫療保險下，還能爬上政壇頂峰及競選連任的。

相較之下，削減醫療補助就簡單很多了，很多州已經試著逃避他們該付給這項計畫的費用（這個計畫是由聯邦政府和州政府共同資助的）。醫療補助主要是給窮人，而窮人的投票率比老年人低很多，影響力也比較小，他們通常不太參與政治，因為忙著追求溫飽。

通常，當政府陷入財政困難或必須平衡預算時，他們會設法把重擔轉嫁出去。例如，當政府無法負擔每一個人的醫療保險時，政府就會強制要求企業為員工提供一些醫療保險。歐巴馬推動的醫療改革正是如此——明確要求一定規模以上的企業，必須為全職員工提供健康保險。

問題是，當政府丟出來的重擔愈高，企業會愈沒意願雇用更多勞工，降低企業的勞工需求，也創造了拉低整體薪資水準的壓力。歐巴馬的醫改法案或許是（也或許不是）很好的社會政策，但它已經讓很多人在就業市場上更難找到工作。而年老的選民們，未必會反對政府這麼做，因為老人們大都早就有醫療保險，而且即使沒有政府提供的醫療保險，他們也會以某種方式投保。

我們可以預期，很多這類的政策將會存在，而政策所必須付出的成本，會由勞力市場承擔，並從勞工的實質薪資扣除。因此依我看，未來一般員工在理論上將享有更多的醫療保障，但實際上不見得就能獲得醫療照護。

低薪族大遷徙：搬到更便宜的地方吧！

那麼，我們未來要如何因應這個政府財政緊縮的困境呢？很簡單，但你聽起來會不太舒服：當你的預算很緊時，你會搬到租金、房價比較便宜的地區。遲早，那些薪資停滯或減少、社會福利遭到刪減的人，都會以這種方式因應。

其實，這個現象早就已經出現了。

預測未來的一種方式，就是看現在大家想住哪裡。更具體地說，我們可以看美國人搬到哪些州，來預測大家真正想住的地方。而我發現，很多美國人及移民都搬到德州了——二〇〇八到〇九年間，德州人口迅速增加，光是遷移人口，就多了十四萬七千人以上。

為什麼德州那麼熱門？有很長一段時間，德州是美國謀殺率最高的一州，犯罪率也高。那裡雖然氣溫暖和，但有暴風雨及龍捲風，氣候並不穩定。有時氣溫還會太熱，例如二〇一一年七月與八月，達拉斯—沃斯堡地區（Dallas-Fort Worth）連續三十五天的氣溫超過攝氏三十八度——而且那還不是最高溫紀錄。德州的社會福利少，醫療補助也少，該州有二七%的人沒有健保。德州也是全美教育體系最糟的一州，至少以高中畢業率來看是如此，德州高中生的畢業率還不到七〇%。

但是，德州的好處是，有便宜的房子和不錯的就業機會（這不是哪一任德州州長的功勞，就像高謀殺率，也不該怪罪任何一位州長一樣）。換句話說，如果你住在德州，雖然這裡供你的是C級的公共服務，但你的可支配所得，可能比住在其他的地方還要多。在這裡，你更有機會找到工作，肯定能找到比較便宜的房子。如果再加上你能適應當地的濕氣，那就更好了。

德州的房子，為什麼比較便宜？

美國房子的價格，差異相當驚人。例如，在紐約州的布魯克林區，一般住家要價五十萬美元以上，而且這類房子中有八五%是公寓——不見得有良好的衛浴和空調——並不是獨門房子。但是在德州的休士頓，一般住家要價只需十三萬一百美元，而且有可能是獨棟的房子，很可能也比較新。

德州的房子便宜，不只是因為德州土地大，而是還有另一個因素：德州的土地使用分區管制較差。例如，休士頓沒有傳統的土地分區，你可能會看到辦公大樓、二手唱片行、妓院都在你家隔壁。休士頓人早就習慣了這一點，但由於房子價格合理，稍微有錢一點的人可以選擇遠離這些混合使用的區域。

這一點，也帶給我們一個啟示：也許美國許多地區，也應該放寬分區管制，讓土地價格下滑。馬修・伊格雷西亞斯（Matthew Yglesias）寫過一本好書，主張這個論點：《租金太高了》（*The Rent Is Too Damn High*），我等一下會回頭來談，這裡要特別指出的是，我們之所以需要房地產改革，有一個更根本的理由，只是常被忽略了：**每個人都希望有更多的可支配所得**。

我們都喜歡把錢留在自己的口袋裡。你可能認為，這就像艾茵・蘭德（Ayn Rand）描述的世界一樣*，人本來就該自私，或者你也可能認為，這種只想把錢留在自己口袋的想法是不道德的。無論你怎麼看，我想講的，是這種心態會如何影響我們的未來。

從德州人口淨遷入的數量很多看來，我推論許多美國人寧可擁有更多可支配所得，而不是更好的公共服務。其他出現大量淨遷入人口的州，是在美國南部及西部某些不太昂貴的地區。大致上，這些地方都提供不錯的就業機會、公共服務整體欠佳、但有廉價的房子。不是每個人都想要這樣的組合，你只要到麻州的布魯克萊恩（Brookline）或我住的維吉尼亞州北部，對有錢的中上階層做民調就知道了。

那麼，哪些州的公共服務品質最好呢？以支出來看，答案是加州和東北部各州。但有趣的是，這些地區卻呈現人口外流的現象。

獲選最適人居的城市？其實最不適合人住！

你注意過全球「最適人居的城市」名單嗎？溫哥華和蘇黎世向來都高居在那些名單上，去過的人都知道那些地方美麗又便利。

然而，溫哥華（市區）才六十萬三千人，蘇黎世約三十七萬兩千人。你可以把大都會地

---

*艾茵・蘭德，《阿特拉斯聳聳肩》（*Atlas Shrugged*）的作者，她的哲學和小說都強調個人主義、理性的利己主義，以及徹底自由放任的資本主義。她相信人們必須透過理性選擇他們的價值觀和行動，個人有絕對權利只為自己的利益而活，無需為他人犧牲自己的利益，但也不可強迫他人替自己犧牲。

區也納入計算，但是總人口還是差聖保羅或東京很多。

我認為，出現在那些名單上的城市，其實都不是那麼適合人居，他們只適合媒體菁英、大都會的有錢人和度假者居住，對一般人來說，佛羅里達州的傑克遜維爾（Jacksonville）雖然沒有壯麗的阿爾卑斯山和歐洲的講究，卻比多數高居「適合人居」榜單的城市更適合居住。截至二〇〇六年，傑克遜維爾的人口是七十九萬四千五百五十五人，我覺得這個數字就是很好的證明。

許多美國人最終會住在房子比較便宜、公共服務較差的地方，這樣才能為自己多留點可支配所得。有些地區可能看起來不是那麼賞心悅目，但這是為了較低成本而支付的代價。隨著人口持續跨區遷徙並因而改變我們，美國整體而言會變得更像德州。

這種趨勢，將會重新形塑我們未來的世界。

我訪問拉丁美洲時，對於當地許多人的生活花費如此便宜感到相當驚訝。以墨西哥為例，我遇到很多人每年的生活費不到一萬美元，或甚至不到五千美元。他們稱不上過得很好，但確實可以取得便宜的食物和便宜的房子。他們沒有閒錢買很多其他的東西，也不見得有錢帶小孩去看醫生或買新衣。他們的住宅雖不氣派，但令人滿意，當然，當地比較溫和的天氣也是優點。

假設你是美國的退休人士，每年可領退休金兩萬兩千美元並享有醫療保險。這筆退休金可能聽起來不多，但美國老年人的淨值中位數約是十三萬七千三百四十九美元，如果扣掉房產淨值，大約也只比兩萬美元多一點點。

這個所得水準的人，會不會想為了享有墨西哥那樣的房子與食物價格，而接受墨西哥的房子和食物水準？你可能不願意真的那麼做，但保留這個選項仍然是有意義的。比方說，萬一你投資失利，很可能就會使得你的年收入降到兩萬兩千美元以下，這一來，你也許就得重新評估搬到更便宜地方居住的可能性。其實，如果我是年收入兩萬兩千美元的老人，我會可能寧可住在墨西哥，而不是在美國郊區過著勒緊腰帶的日子。

當然，多數的美國人並不想搬到墨西哥，但如果美國境內就有類似的地區，他們可能就會選擇搬家了。這將會形成一股壓力，驅使美國出現這種居住成本更低的地區——就像德州那樣。

尤其，當收入更加兩極化，會讓這種壓力變得更強大。當美國有一大部分的勞力收入更多時，他們會把熱門住宅區的價位拱高，要住洛杉磯或橘郡的好地段，變得更遙不可及——

甚至連要住在同一州的次等區域都很難，例如安那罕市（Anaheim），現在也是貴得離譜。這一來，搬到更便宜地區的需求將會增加，何況，現在有了網路，很多人可以遠距工作，或是透過 Skype 和孫子聊天。

走，一起搬到更便宜的房子

我們以一年靠兩萬兩千美元生活的老人為例，來看他的預算分配。

假設這個人住在田納西州的諾克斯維爾（Knoxville）——我認為那是美國最常見的城市類型。在這裡，一棟一房或兩房的公寓，每月租金是七百到一千二百美元。也就是說，光是租金支出，很容易就占掉總預算的一半，可能也是一個人最大的支出項目。當一個人受環境所迫時，通常最容易想到要如何節省租金。

如果有人提議，在美國一些氣候比較暖和的州，找幾區蓋比較便宜的房子呢？我們在那裡建一些「小屋」，大小可能約四百平方英尺，要價約兩萬到四萬美元。我們會在那裡打造一些非常簡樸的住所，類似一九二〇年代建造的屋子，也會打造一些臨時建築，類似在里約熱內盧貧民窟看到的較好住所。這種房子的水電基礎設施可能不好，但政府可以提供免費的無線網路，以 Hulu 這類網路電視服務來取代比較昂貴的有線電視服務。只要有人願意，我們就讓他搬進去住。基本上，我們是在美國的部分地區複製墨西哥或巴西的環境，只不過多加了一些科技，可能也比較安全。

很多人光聽到這樣的描述，就一臉驚恐——你怎麼敢提議把老人塞到那種貧民區裡？也許他們驚恐是有道理的，不過別忘了，這些人並不是被「逼著」住到那種地方，而是真的比較喜歡住在那裡。如果我的收入太低，我也會想住到那樣的地方。低收入是一回事，一個低收入的人如何調整自己的生活是另一碼事，就算你認為前者（低收入）是社會不公的象徵，但後者通常是有益的。我們可以試著去解決低收入的肇因（關於這點，可以參考教育那章），而不是把低收入的所有問題都推給政府。

何況，我們可以想像一下，假如沒人膽敢下令打造這樣的貧民區，結果會怎樣？可以預見，有些地區會逐漸沒落，公共服務惡化，房地產價格下跌，政府與企業都不願意花錢修復這些地方。更多的窮人（包括窮困的老人）會搬去那裡居住，也沒有免費的市區無線系統可以使用。換言之，最後的結果其實和前述主動興建貧民區沒有什麼差別——只是居住的條件又更爛了。

一個先進的大城市，旁邊有個窮鄰居

已經有一些實驗，是把較低生活水準混入大城市中。例如艾爾帕索（El Paso）是美國的第二十三大城（根據二〇〇〇年的資料），如果把隔著墨西哥邊境的姊妹市華雷斯城（Ciudad Juarez）的人口也算進來，它會躍居為第五大城。你可以把它想成一個大城市，旁邊緊貼著一個很大的貧民區。

事實上，這個貧民區對艾爾帕索的經濟扮演著非常重要的角色。艾爾帕索的製造業早已沒落，幸好有華雷斯城的工廠，協助養活艾爾帕索的人口。人類學家浩爾·坎貝爾（Howard Campbell）指出，其實是艾爾帕索寄生在華雷斯城上，而不是反過來。艾爾帕索因相鄰地區的租金較低、基礎建設的品質較差而蓬勃發展。儘管華雷斯城是全球毒品重鎮之一，謀殺率居高不下，而且很多問題可能跨越邊界影響艾爾帕索，但鮮少艾爾帕索的居民真的希望華雷斯城消失。

另一個成功的低租城市，是德國的柏林。柏林現在是歐洲的當代文化之都，但柏林的低租不是因為基礎建設惡化（雖然柏林東部有一些那樣的跡象），而是因為之前過度建設供過於求的結果。而過度建設的結果，導致很多東西都非常便宜——至少以歐洲的標準來看是如此。在柏林邊緣地帶，離地鐵或電車站不遠處，可以輕易以月租幾百美元租到還不錯的公寓，食物也比西歐的其他地方便宜，甚至比德國的多數地方便宜。柏林有數千位年輕人，就是過這種低租生活，只求過得去，這裡是終極的懶骨頭城市。

如果真的不得已，最下下策則是選擇搬到沒水沒電的地方。愈來愈多的美國人如今選擇擺脫傳統的水電供給，自創生活，他們通常是住在自己建造的屋子、小房舍、拖車停放場、浮船，或是相當克難地住在零星散布於美國各地的帳篷營區，包括波特蘭、西雅圖、洛杉磯等地。其中有些人是迫不得已做出這樣的選擇，但很多人其實是主動選擇這麼做的。許多新科技——例如強大的發電機和太陽能等——讓人們更容易離群索居，自立更生。

我要講的重點是：將來隨著所得出現更不均衡的變化、政府財政捉襟見肘，很多美國人就會選擇搬到更便宜的地方居住，而結果勢必會帶來房地產價格的下滑。也許不是曼哈頓，不是洛杉磯西部，不是維吉尼亞州的費爾法克斯郡（Fairfax County），也不是全美國的地價都會降低，而是某些類似德州那樣的地方，將是很多人未來居住的所在。領救濟金的人喜歡較低的房價，因為低房價可以提升救濟金的實質價值，讓社會救濟發揮更大的效用。

馮內果在一九五二年的小說《自動鋼琴》裡，也認為機械化和勞力市場演變會造成更多的居住區隔。小說的開頭是這樣寫的：

> 紐約的伊利姆（Ilium）分為三個部分。
>
> 西北部住著管理者、工程師、公務員和一些專業人士；東北部是機器；越過易洛魁河的南部是當地人所謂的家園，幾乎所有的人都住在那裡。

愈貴的東西愈好。誰說的？

面對所得不均衡的現象，還有最後一種因應的方法，那就是：靠我們的品味。

社會上的許多低收入者，將會重新塑造品味，轉向比較便宜的生活欲望。例如魚子醬就是昂貴的欲望，而戈雅牌（Goya）罐頭豆就比較便宜。可不要對豆子嗤之以鼻，我的收入遠高於全國平均水準，但是豆子帶給我的樂趣卻遠大於魚子醬，我會用豆子、現磨的孜然、辣椒泥煮出好吃的東西。很便宜的墨西哥夾餅、油炸玉米餅、玉米粉蒸肉，其實都很美味，這也是為什麼低收入的國家常吃這類食物。

這種品味的調整未必是壞事。我們的消費習慣裡本來就有著太多浪費，每個人都可以輕易講出別人花錢買了什麼沒必要的東西。而且，即使改買便宜貨，也不等於我們會因此失去太多樂趣與享受。我們可以把這種沒有太多餘錢可花的壓力，想像成一股拉著大家往同一個方向移動的驅動力，幫助我們破除浪費的壞習慣。

不過，最近皮尤研究中心（Pew Research Center）做了一個研究，試著了解現代美國中究竟是哪些人跌出了中產階級。結果發現，離婚、喪偶或分居的婦女，是特別脆弱的族群。對單親媽媽來說，有小孩是另一個壓力。尤其是收入低的年輕女性，可能是最大的輸家，特別是當她們強烈喜歡孩子，年紀輕輕就生下很多孩子的時候。這些女性比較難搬到基礎設施較差的便宜地區居住，因為她們可能還是希望孩子就讀比較好的學校。更糟的是，收入較低的男性為了享有更便宜的偏好和生活型態，可能會拋棄孩子，或是減少贍養費的支付。保守派評論家查爾斯·莫瑞在他的著作《分崩離析》（*Coming Apart*）裡，就詳細記錄了這個現象。

未來我們會更老，也會更保守

隨著薪水的兩極化，許多老年人和窮人會搬到低租的地方。那麼，未來的政治又會如何演變呢？

在占領華爾街、茶黨運動*、收入不平等持續擴大以後，許多評論者預測，美國會被各種抗議活動拖累，政治會更加動盪。我確實同意，我們將會看到更多問題發生，但長遠來看，美國應該會很平靜，甚至非常井然有序。我預期，未來的社會在政治及心態上，都會變得更加保守。

最重要、也最容易預測的一點是：我們都會老很多。光是這一點，就會讓我們變得更保守。這裡指的，是心態上的保守，而不是政治上的保守立場。改革和抗議向來都是熱血年輕人做的事，不是深思熟慮或疲累的六十四歲老人會做的事。有很多未婚年輕人的社會，最容易發生突如其來的改革和重大的政治變革，例如阿拉伯世界有很多地區，就符合這種狀況，所以出現了阿拉伯之春**，但我們面臨的是不同的處境。

我前面提過，目前佛羅里達州約一九％的州民年齡超過六十五歲。到了二〇三〇年，美國有一九%的人都會超過六十五歲。換句話說，我們全國的年齡結構會變得像佛羅里達州一樣。我們會變老，變得更謹慎，更不願意迅速改變外界的事物。我們可能也會變得更沒能力迅速改變，更懶得改變政治立場。

有些評論者認為，薪資兩極化意味著自由主義的終結與民主的危機——想像低收入者攻陷現代版的巴士底監獄，搶走高收入者的財物。這樣的論點很能激起討論，卻沒什麼證據為基礎。任何一個社會，都會對現狀有強烈的偏見，尤其當一個地方比世界上其他地方的地位更高的時候。但實際上，很少美國人會覺得當美國人不好，二十年後可能也是如此。在可預見的未來，美國仍會是世界的領導者，最差也不過是和中國各據一方罷了。相反的，與中國較勁，搞不好還會倒過來鞏固美國人的民族主義，讓現狀變得更井然有序，就像冷戰時期對

*茶黨（Tea Party）是Taxed Enough Already（稅已經收夠了）的簡寫，原本是二〇〇九年初因為反加稅運動而開始興起的一個美國社會運動，主要參與者是主張採取保守經濟政策的右翼人士。

**由追求民主自由的年輕人發起的和平抵抗運動，從二〇一〇年十二月在突尼斯的一些城鎮開始爆發，後來阿拉伯世界一些國家的年輕人也紛紛走上街頭，要求推翻專制政體。

抗蘇聯那樣。無論你現在怎麼看未來，大家環顧四周，還是會覺得美國是世界上最好的地方之一，而這種狀態，是很難激起大幅改革熱情的。

如果你想觀察一個社會動亂的可能性，可以看看犯罪率。美國的犯罪率已經持續下降了幾十年，近代甚至降得比研究人員預期的還要快。但是在這幾十年間，美國的財富不均顯著惡化。換句話說，財富不均與社會平和似乎是可以並存的。我常看到一些人提出警語，說財富分配不均將會導致窮人靠暴力取走他們付不起的東西。但是這類預測遇到最簡單的實證檢驗時——亦即犯罪率——就不攻自破了。

美國社會上一次出現很多示威和暴動，是在一九六〇年代和七〇年代初期。當時有戰爭，造成許多傷亡，還有徵兵、種族大暴動、校園遭到占領，還有年輕的人口結構。但那個年代已經相當遙遠了，相較之下，占領華爾街要溫和許多。值得注意的是，一九六〇年代是所得不均尚未嚴重惡化、美國製造業蓬勃、薪資上揚的黃金時期。事實上，那也是美國家戶收入的中位數長期持續上漲的年代。當時，雖然很多人高呼社會不公平，但那時還沒有「頂端一％」的概念，投資銀行家的年薪也不到十萬美元，物價也比較低。

很多人不滿意現況，不等於就會掀起大革命

很多評論者大力抨擊所得不均問題的惡化，尤其是左派進步分子。但儘管這種論點的立意良善，卻都過度推論所得不均的結果——例如革命、社會秩序的瓦解等等。事實上，這樣的狀況並未出現。我之所以質疑這樣的論點，不僅是因為我發現人口普遍老化或犯罪率下降，綜觀歷史也會得出相同的結論——例如中世紀，就是不平等很嚴重的時代，階級流動嚴重停滯，但社會秩序卻相當穩定。

比較可能的情況是，美國人在政治和心態上都會變得更保守。人們會更喜歡低稅率或減稅，會希望聽到更多的政治支票，但不見得在乎實質的效益。他們會更依賴在地社群和緊密的在地關係，以保護自己免受經濟風險的波及，「社會秩序瓦解」也不會出現——這些趨勢都已經很顯著，在今天的美國就能看到。

我們也會看到很多糟糕的論述、國會更兩極化，以及令人厭惡的政治鬥爭。主流媒體的瓦解，加上網路上的眾說紛紜，將會帶來更多黨派惡鬥和口水戰。我們的未來，很可能會像十九世紀傑克遜總統執政時期，充斥著相互謾罵的媒體，以及政治史上從未間斷的造謠抹黑。

還有，競選資金規則的改變，也會讓政黨、政治人物更依賴捐款者，這將導致國會無法正常運作。但我們不該將人民對政治惡鬥的反感，與美國選民的基本特質搞混了。美國選民大都相當溫和，對兩個政黨都很失望，都想找個「會做事」或「團結整個國家」的人，但這種心情並不足以促成大幅改革的未來。未來最有機會勝出的政治勢力，很可能就是這種溫和派的乏味組合——裡面有很多的老人和菁英，主要的目標是維持現狀。

尤其在最不富裕、學歷最低、最多藍領、經濟受創最嚴重的州裡，政治保守主義最為強烈。如果你不相信，可以看看統計：截至二〇一一年，根據選民的自我評斷，政治上最保守的州是密西西比州、愛達荷州、阿拉巴馬州、懷俄明州、猶他州、阿肯色州、南卡羅來納州、北達科他州、路易斯安那州、南達科他州。正如理查．佛羅里達（Richard Florida）所說的：「保守主義愈來愈成為所得後段班的意識形態。」

上述這些州當中，有很多已經變成茶黨的鐵票區。這些州的選民並未出來大力主張提高累進稅率，或是試圖喚醒大家對喬治．麥戈文（George McGovern）的記憶*。自由派思維最強的地區，通常是在都會區、有很多高收入專業人士的地方。我住的地方（維吉尼亞州的費爾法克斯郡）在一九八〇年代初期我剛搬來時非常保守，居民投票大都是投保守派及共和黨人，或是非常保守的民主黨人。這裡雖然生活水準不錯，但還不算是富人群集的地方。大約二〇一二年時，費爾法克斯漸漸變成美國人均最富有的郡之一，而在二〇〇八年和二〇一二年的兩次總統大選中，歐巴馬的得票數都明顯領先，在黨派的支持度上，大家比較偏向民主黨，而不是共和黨。

一個國家，兩個世界

我們也可以來看看對「占領華爾街」運動反應比較熱絡的地區。這個運動對出身中高階層、受過良好教育的年輕人來說，有很大的吸引力，尤其是一直覺得忿忿不平，覺得自己老是無法獲得高薪或是工作升遷很快的文科學生。但這場運動並沒有延燒到紐澤西州的伊莉莎白港、俄亥俄州衰退的阿帕拉契山區，或愛達荷州熱中家裡自學的人。

---

*麥戈文是美國歷史學家、作家，曾任眾議員及參議員，一九七二年代表民主黨競選總統失利，被視為一九七〇年代美國自由派的代表人物。

其實我們仔細想想就會明白，所得與財富不均，真的不會帶來大革命。其中有一個非常簡單的心理因素：嫉妒，往往是針對身邊的對象而來，至少在美國是如此。民眾的不滿，未必全是針對億萬富豪或高薪金融家，甚至不是針對那些腐敗的富豪，而是針對公司的同事（因為他加薪較多），或是針對小姨子的先生（因為他的收入比你多二〇%），或是針對你的高中同學。小說家戈爾．維達爾（Gore Vidal）說得很坦白：「每次有朋友功成名就時，我就死去一點點。」

我在想，為什麼會有那麼多過得還不錯的知識分子，會帶頭抨擊富人？其中一方是擁有知識的菁英，另一方則是擁有金錢的菁英，有沒有可能，這其實只不過是兩種菁英之間的較量？有沒有可能，真正讓知識分子不爽的，其實是看到那些擁有金錢的菁英（以及那些賺很多錢的名人）過得比自己好？

總之，未來將會有更多富人，也會看到更多窮人。許多勞工的薪水會下降，社會將普遍老化，廉價的娛樂將會暴增。我們甚至可以預期，未來便宜或免費的娛樂將多到有點像馬克思共產主義的烏托邦——只不過那是資本主義帶來的。

在此同時，請大家做好準備。目前為止，我們的生活和周遭實體環境的基本樣貌，與過去四十到五十年相較起來，並沒有改變很多，你只要看一下一九七〇年代的電視節目，就會感覺那個世界很熟悉。但是，這種狀況即將改變——很嚇人，但也令人興奮。它可能會被稱為智慧型電腦的時代，而將來在職場上飛黃騰達的，是和智慧型電腦密切合作的人。總有一天，我們將會看到兩個截然不同的世界——一個非常成功，另一個則相反。平庸時代，已經再見了。

致謝

我想感謝以下幾位提供了實用討論與意見：Nelson Hernandez、Anson Williams、Kenneth Regan、Jason Fichtner、Erik Brynolfsson、Andrew McGee、Don Peck、Derek Thompson、Michelle Dawson、Peter Snow、Veronique de Rugy、Garett Jones、Robin Hanson、Bryan Caplan、Alex Tabarrok、Natasha Cowen、Garry Kasparov、Vasik Rajlich、Stephen Morrow、David Brooks、Peter Thiel、Michael Mandel，以及Larry Kaufman。同時，也為那些我可能遺漏的對象致上深深的歉意。

註釋

第 1 章　跟電腦搶工作，你就死定了！

關於大學畢業生的失業率，見 Heidi Shierholz, Natalie Sabadish, and Hilary Wething, "The Class of 2012: Labor Market for Young Graduates Remains Grim," Economic Policy Institute, May 3, 2012, http://www.epi.org /publication/bp340-labor-market-young-graduates/。至於更悲觀的估計值，見 Michael Mandel, "The State of Young College Grads 2011," Mandel on Innovation and Growth, October 1, 2011, http://innovationandgrowth. wordpress.com/2011/10/01/the- state-of-young-college-grads- 2011/，以及 "Bad Decade for Male College Grads," September 25, 2011, http://innovationandgrowth. wordpress.com/2011/09/25/bad-decade-for-male-college-grads/。Mandel 的研究已由 Diana G. Carew 更新，見 "Young College Grads: Real Earnings Fell in 2011," blog: *The Progressive Fix*, September 20, 2012, http://www.progressivepolicy. org/2012/09/young-college-grads-real-earnings-fell-in-2011/。這些都是未繼續讀

研究所的畢業生資料，原始資料來自 Census Bureau, Table P-32, Educational Attainment，可上網取得 http://www.census.gov/hhes/www/income/data/historical/people/。

關於 iPhone 的運算速度，見 Charles Arthur, "How the Smartphone is killing the PC," The *Guardian*, June 5, 2011。

除了文中提到有關機器人和機器智能的書籍以外，也可以參考二〇一二年和二〇一三年 Paul Krugman 在部落格上探討機器人的一些文章、Nick Rowe 在 Worthwhile Canadian Initiative 發表的一些文章，以及 Jeffrey D. Sachs 和 Laurence J. Kotlikoff 寫的 "Smart Machines and Long-Term Misery," National Bureau of Economic Research, Working Paper 18629, December 2012。Izabella Kaminska 蒐集了許多相關的部落格文章，見：http://theleisuresociety.tumblr.com/post/39057729530 /the-tech-debate-blasts-off-a-linkfest.。另外，也可以參考 Krugman 早期的論文 "Technology's Revenge,"，見 The Unofficial Paul Krugman Archive, http://www.pkarchive.org/economy/TechnologyRevenge.html, 1994 初版。

關於南韓的機器獄警，見 "Robotic Prison Wardens to Patrol South Korean Prison," BBC News, November 25, 2011。

工廠和狗的笑話引自 Adam Davidson, "Making it in America," *The Atlantic,* January/February 2012。

關於新聞界，見 Steve Lohr, "In Case You Wondered, a Real Human Being Wrote This Column," *The New York Times*, September 10, 2011。關於評分軟體，見 Jim Giles, "AI Makes the Grade," *New Scientist*, September 4, 2011, p. 22。

交友配對運算法，可參見 David Gelles, "Inside Match.com," *Financial Times,* July 29, 2011。

關於聖塔克魯茲市和犯罪狀況，見 G.O. Mohler, M.B. Short, P.J. Brantingham, F.P. Schoenberg, G.E. Tita, "Self- Exciting Point Process Modeling of Crime," *Journal of the American Statistical Association*, March 2011, 106(493): 100–108, doi:10.1198/jasa.2011.ap09546，亦見 James Vlahos, "The Department of PreCrime," *Scientific American*, January 2012。關於TSA，見 Joseph A. Bernstein, "Big Idea: Seeing Crime Before It Happens," *Discover,* December 2011。更普遍的情況，見 Erica Goode, "Sending the Police Before There's a Crime," *The New York Times,* August 15, 2011。

關於預測懷孕，見 Charles Duhigg, "Psst, You in Aisle 5," *The New York Times Sunday Magazine*, February 19, 2012。

關於頭盔及視覺，見 Adam Piore, "Ailment: Too Much Information, Cure: Mind-Reading Machines," *Discover*, October 2011, p. 38。關於感應器的追蹤和視網膜掃描，見 Martin Lindstrom, "Shopping Carts Will Track Consumers' Every Move," *Harvard Business Review* blog, December 9, 2011。亦見 Ashley Lutz and Matt Townsend, "Big Brother Is Watching You Shop," *Bloomberg Businessweek*, December 15, 2011。關於視網膜，見 Emily Glazer, "The Eyes Have It: Marketers Now Track Shoppers' Retinas," *The Wall Street Journal*, July 12, 2012。

關於揪出假評論，見 David Streitfeld, "In a Race to Out- Rave, 5-Star Web Reviews Go for $5," *The New York Times*, August 19, 2011。關於辨識偽造的網路交友檔案，見 Catalina L. Toma and Jeffrey T. Hancock, "What Lies Beneath: The Linguistic Traces of Deception in Online Dating Profiles," *Journal of Communication*, February 2012, 62(1): 78–97。

關於測謊，見 Anne Eisenberg, "Software That Listens for Lies," *The New York Times*, December 3, 2011。

第 2 章　人，不再是稀有資源

關於分配議題的不錯觀點，見 Jérémie Cohen- Setton, "Blogs Review: Robots, Capital-Biased Technological Change and Inequality," Bruegel's Improving Economic Policy blog, December 10, 2012, http://www.bruegel.org/nc/blog/detail/article/958-blogs-review-robots-capital-biased-technological-change-and-inequality/。

關於軍用機的使用，見 David S. Cloud, "Civilian Contractors Playing Key Roles in U.S. Drone Operations," the *Los Angeles Times*, December 29, 2011。

關於貧富差距擴大的資料，可參見 Steven N. Kaplan and Joshua Rauh, "Wall Street and Main Street: What Contributes to the Rise in the Highest Incomes?", *The Review of Financial Studies*, 2010, 23(3): 1004–1050; Howard Wial, "Where the 1% Live," Atlantic Cities blog, October 31, 2011；以及 Chris Forman, Avi Goldfarb, and Shane Greenstein, "The Internet and Local Wages: A Puzzle," *American Economic Review*,

Febraury 2012, 102(1): 556– 75。關於高階管理者、經理人、主管，見 Jon Bakija, Adam Cole, and Bradley T. Heim 等人尚未正式發表的論文：“Jobs and Income Growth of Top Earners and the Causes of Changing Income Inequality: Evidence from U.S. Tax Return Data”。

關於收購式招聘的軼事，見 Miguel Helft, “For Buyers of Web Start-Ups, Quest to Corral Young Talent,” *The New York Times*, May 17, 2011。

關於就業率改善的工作類別，見 Michael Mandel, “Three Industries That Have Continued to Add Jobs,” Mandel on Innovation and Growth, September 2, 2011, http://innovationandgrowth.wordpress.com/2011/09/02/three- industries-that-continue-to-add-jobs/。關於數理科技領域的工作和科學學位，見 Anthony P. Carnevale, Nicole Smith, and Michelle Melton, “STEM,” Georgetown University Center on Education and the Workforce, http://www9.georgetown.edu/grad/gppi /hpi/cew/pdfs/stem-complete.pdf。

想了解雇用糟糕勞工的代價，見 Will Felps, Terence R. Mitchell, and Eliza Byington, “How, When, and Why Bad Apples Spoil the Barrel: Negative Group Members and Dysfunctional Groups,” *Research in Organizational Behavior*, 2006, 27: 175– 222。關於優質勞工愈來愈集中的最詳盡研究，請見 David Card, Jörg Heining, and Patrick Kline, “Workplace Heterogeneity and the Rise of West German Wage Inequality,” National Bureau of Economic Research, Working Paper 18522, November 2012。關於理論根據，見 Michael Kremer, “The O-Ring Theory of Economic Development,” *The Quarterly Journal of Economics*, August

1993, 108(3): 551–75。

關於女性更有責任感，可參見 David P. Schmitt, Anu Realo, Martin Voracek, and Jüri Allik, "Why Can't a Man Be More Like a Woman? Sex Differences in Big Five Personality Traits Across 55 Cultures," *Journal of Personality and Social Psychology*, 2008, 94(1): 168–82, doi:10. 1037/0022-3514. 94.1.16。相關議題的重要論文，見 Paul Beaudry and Ethan Lewis, "Do Male-Female Wage Differentials Reflect Differences in the Return to Skill? Cross- city Evidence from 1980–2000," National Bureau of Economic Research, Working Paper 18159, June 2012。關於女性在團隊合作的成功表現，見 Jeffrey A. Flory, Andreas Leibbrandt, and John A. List, "Do Competitive Work Places Deter Female Workers? A Large- Scale Natural Field Experiment on Gender Differences in Job-Entry Decisions," National Bureau of Economic Research, Working Paper 16546, November 2010。關於責任感對職場及收入的重要性，可參見 Murray R. Barrick and Michael K. Mount, "The Big Five Personality Dimensions and Job Performance: A Meta- Analysis," *Personnel Psychology*, 1991, 44(1): 1–26; Ellen K. Nyhus and Empar Pons, "The Effects of Personality on Earnings," *Journal of Economic Psychology*, 2005, 26(3): 363–84；以及 Daniel Spurk and Andrea E. Abele, "Who Earns More and Why? A Multiple Mediation Model from Personality to Salary," *Journal of Business and Psychology*, 2011, 26(1): 87–103。關於責任感的更廣泛研究，見 Brent W. Roberts, Carl Lejuez, Robert F. Krueger, Jessica M. Richards, and Patrick L. Hill, "What Is Conscientiousness and How Can It Be Assessed?", *Devel-*

opmental Psychology, December 31, 2012 首度線上發表，、亦參見 Angela L. Duckworth, David Weir, Eli Tsukayama, and David Kwok, "Who Does Well in Life? Conscientious Adults Excel in Both Objective and Subjective Success," *Frontiers in Personality Science and Individual Differences*, September 28, 2012 首度線上發表。

二〇一二年男性失業率，見美國勞動統計局，http://www.bls.gov/news.release/empsit.t10.htm。

關於青年就業率持續下滑，見 Christopher L. Smith, "Polarization, Immigration, Education: What's Behind the Dramatic Decline in Youth Employment?", Finance and Economics Discussion Series, Federal Reserve Board, October 2011。

亨利・梅休的引述內容是節錄自 *London Labour and the London Poor* (Oxford: Oxford University Press, 2012), 141，原文於一八四〇年代分期刊登。

Google 面試問題是節錄自 Nicholas Carlson, "15 Google Interview Questions That Will Make You Feel Stupid," *Business Insider*, November 4, 2009。

關於消防隊長和碩士學位，見 Paul Fain, "Advanced Degrees for Fire Chiefs," *Inside Higher Ed*, October 27, 2011, http://www.insidehighered.com/news/2011/10/27/college-degrees-increasingly-help-firefighters-get-ahead#ixzz1f0qkakYi。關於學歷要求普遍提高，見 Catherine Rampell, "Degree Inflation? Jobs that Newly Require B.A.'s," *The New York Times* Economix blog, December 4, 2012。

關於不景氣期間消失的工作是中薪職位，見 "The Good Jobs Deficit," National Employment Law Project, July 2011, http://www.nelp.org/page/-/Final %20occupations%20report%207-25-11.pdf?nocdn=1，以及 Steven Greenhouse, "Where the Job Growth Is: At the Low End," *The New York Times* Economix blog, July 27, 2011。關於長期趨勢，見 David Autor, "The Polarization of Job Opportunities in the U.S. Labor Market: Implications for Employment and Earnings," *Community Investments*, Fall 2011, 23(2): 11–41。亦見 David H. Autor, Lawrence F. Katz, and Alan B. Krueger, "Computing Inequality: Have Computers Changed the Labor Market?", *The Quarterly Journal of Economics*, November 1998, 113(4): 1169–1213。

想看一些普查局的資料，見 Carmen DeNavas- Walt, Bernadette D. Proctor, and Jessica C. Smith, "Income, Poverty, and Health Insurance Coverage in the United States: 2011, Current Population Reports," September 2012, http://www.census.gov/prod/2012pubs/p60- 243.pdf。亦見以下討論 Robert Pear, "Recession Officially Over, U.S. Incomes Kept Falling," *The New York Times*, October 9, 2011。

關於比較低薪的製造業新工作，見 Louis Uchitelle, "Factory Jobs Gain, but Wages Retreat," *The New York Times*, December 29, 2011。

關於勞動所得比例下降，見 Francisco Rodriguez and Arjun Jayadev, "The Declining Labor Share of Income," United Nations Development Programme Human Development Reports Research Paper, November 2010, http://hdr.undp.org /en/reports/global/hdr2010/papers/HDRP_2010_36.pdf，以及 Florence Jaumotte and Irina Tytell, "How Has the Globalization of Labor Affected the Labor Income Share in Advanced Countries?", IMF Working Paper, 2007，尤其後者談到技術勞工的所得比例上揚。亦見 Peter Orszag, "As Kaldor's Facts Fall, Occupy Wall Street Rises," Bloomberg.com, October 18, 2011。一份不錯的調查：John van Reenen, "Wage Inequality, Technology and Trade: 21st Century Evidence," Centre for Economic Performance, London School of Economics and Political Science, May 2011。

關於歐洲的勞力市場兩極化，見 Maarten Goos, Alan Manning, and Anna Salomons, "Explaining Job Polarization in Europe: The Roles of Technology, Globalization, and Institutions," CEP Discussion Paper 1026, Centre for Economic Performance, November 2010。

關於高學歷者薪水增加的重要性，見 David Wessel, "Only Advanced-Degree Holders See Wage Gains," Real Time Economics blog, *The Wall Street Journal,* September 19, 2011，這是以 Matthew Slaughter 的研究為基礎；與普查資料有關者，"Income, Poverty, and Health Insurance Coverage in the United States: 2010, Current Population Reports," September 2011, http://www.census.gov/prod/2011pubs/p60-239.pdf。

第3章　「微工作」崛起

關於勞動參與率背後的因素，見 Willem Van Zandweghe, "Interpreting the Recent Decline in Labor Force

Participation," Federal Reserve Bank of Kansas City, 2012。

關於貝爾，見 Joe Condon and Ken Thompson, "Belle Chess Hardware," reprinted in, *Computer Chess Compendium* (New York: Ishi Press International, 2009), 286–92, David Levy, editor。

關於非人類的DJ，見 John Roach, "Non-Human DJ Gets Radio Gig," NBC News, www.today.com/tech/non-human-dj-gets-radio-gig-121286。

關於失業及勞動參與的幾個論點，見 David Wessel, "What's Wrong with America's Job Engine," *The Wall Street Journal*, July 27, 2011。亦見 Brad Plumer, "The Incredible Shrinking Labor Force," *The Washington Post*, May 4, 2012。統計取自美國勞動統計局，如 http://www.bls.gov/web/empsit/cpseea03.pdf。

關於失業和沒工作的男性，見 David Leonhardt, "Men, Unemployment, and Disability," *The New York Times* Economix blog, April 8, 2011。關於年輕男性，見 "Employment Participation Rate Shows a Troubling Trend," *Sober Look*, February 6, 2012, http://soberlook.com/2012/02/employment-participation-rate-shows.html。

關於殘疾，見 David H. Autor, "The Unsustainable Rise of the Disability Rolls in the United States: Causes, Consequences, and Policy Options," National Bureau of Economic Research, Working Paper 17697, December 2011。至於最近的殘疾估計，見美國社會安全局，http://www.social security.gov/cgi-bin/currentpay.cgi。

關於史考特・溫希普談男性薪資中位數，見 Scott Winship, "Men's Earnings Have NOT Declined by 28 Percent Since 1969!" March 29, 2011, http://www.scottwinship.com/1/post/2011/03/mens-earnings-have-not-declined-by-28-percent-since-1969.html。至於他批評的原始資料，見 Michael Greenstone and Adam Looney, "Trends: Reduced Earnings for Men in America," Brookings Institution, November 2011。

關於最近勞力市場的特別劣勢，見 Menzie Chinn, "Takes from the GDP Revisions," *Econbrowser*, July 31, 2011, http://www.econ browser.com/archives/2011/07/tales_from_gdp.html。

關於生產力重整，見 Robert J. Gordon, "Revisiting U.S. Productivity Growth over the Past Century with a View of the Future," National Bureau for Economic Research, Working Paper 15834, March 2010。關於不景氣期間的裁員和生產力重整的關係，見 David Berger, "Countercyclical Restructuring and Jobless Recoveries," Yale University, November 16, 2011。關於失業型復甦，見 Nir Jaimovich and Henry E. Siu, "The Trend Is the Cycle: Job Polarization and Jobless Recoveries," National Bureau of Economic Research, Working Paper, August 2012。

關於不適合從軍，見 "A Conversation with Arne Duncan, U.S. Secretary of Education," Council on Foreign Relations, October 19, 2010。

關於生產力的週期行為，見美國勞動統計局的資料，http://www.bls.gov/news.release/prod2.t01.htm。

關於長期失業的新類型，見 Andreas Hornstein, Thomas A. Lubik, and Jessie Romero, "Potential Causes and Implications of the Rise in LongTerm Unemployment," Federal Reserve Bank of Richmond, September 2011, Economic Brief 11-09。

關於保留薪資，見 Alan B. Krueger and Andreas Mueller, "Job Search and Job Finding in a Period of Mass Unemployment: Evidence from High- Frequency Longitudinal Data," CEPS Working Paper No. 215, January 2011.

關於凱瑟家庭基金會，見 Sarah Kliff, "Coming to an Insurance Plan Near You: The $32,000 Premium," *The Washington Post,* September 27, 2011。二〇一〇年的薪資中位數，見美國社會安全局，http://www.ssa.gov/cgi- bin/netcomp.cgi? year=2010，以及 Suzy Khimm, "The Median U.S. Wage in 2010 Was Just $26,363," *The Washington Post*, October 20, 2011。

關於羅娜・依科諾穆的故事，見 Alex Williams, "Maybe It's Time for Plan C," *The New York Times*, August 12, 2011。關於最近自由工作者增加的狀況，見 Sara Horowitz, "The Freelance Surge Is the Industrial Revolution of Our Time," *The Atlantic*, September 1, 2011；Suzy Khimm, "Has the Recession Created a Freelance Utopia or a Freelance Underclass?", *The Washington Post*, September 3, 2011；Ylan Q. Mui, "A Permanent Workforce Shift?: A Surge in Temporary Jobs Reflects a Fundamental Change in American Employment," *The Washington Post,* February 18, 2012；Emily Glazer, "Serfing the Web: Sites Let People Farm Out Their Chores: Workers Choose Jobs, Negotiate Wages; Mr. Kutcher, Anonymously, Asks for Coffee," *The*

Wall Street Journal, November 28, 2011‥以及李競, "Generation Limbo: Waiting It Out," *The New York Times*, August 31, 2011。

關於柏林及抱負的引述，見 "Berlin's Elections, The Cost of Cool," *The Economist*, September 17, 2011。

第 4 章　小遊戲，新未來

關於戈貝特對赫伯特．西蒙的引述，見 "Herbert Simon," Chess Programming Wiki CPW, http://chess-programming.wikispaces.com/Herbert+Simon。

第 5 章　不會被淘汰的職業

關於卡斯帕洛夫的引述，見 "Dark horse ZackS wins Freestyle Chess Tournament," *ChessBase News*, June 19, 2005, http://chessbase.com/newsdetail.asp ?new sid=2461，這也是二〇〇五年自由棋比賽資訊出處。

關於安森．威廉斯的一些資訊，除了我對他的訪問以外，亦見 Daaim Shabazz, "Anson Williams⋯King of Freestyle Chess," http://www.thechessdrum.net/blog/2007/12/21/ anson-williams-king-of-freestyle-chess/。關於奈爾森．赫南德斯的引述，也是來自同一出處。順道一提，在自由棋中，威廉斯和赫南德斯已組成團隊多年，但他們從未見過面，都是透過網路和 Skype 聯繫。

關於自由棋團隊相對於機器的實力估計，見 Vasik Rajlich, "Interviews with Freestylers," http://www.rybkachess.com/docs/freestylers_version_2.htm。阿諾・尼克的引述亦來自同一出處。

中村光的引述來自阿諾・尼克，“Freestyle Chess,” http://www.freewebs.com/freestyle-chess/gmarnonickel.htm。

關於開局方式的討論，可參考 Dagh Nielsen 的實用文章，無標題，http://www.spaghettichess.com/Dagh%20Nielsen_tips.txt。

維許・阿南德在埃森哲公司的演講，談在西洋棋中找到新東西及記憶的重要性，見 http://youtu.be/JSOw1Yk_RQU。

除了自由棋以外，還有通訊西洋棋（correspondence chess）。以前沒有電腦的年代，西洋棋手常以郵寄方式對弈，每步棋隔兩三天。可以想見，每個棋手可以翻書，或把棋子搬來搬去以深入研究棋步，但禁止詢問其他棋手。如今，通訊西洋棋都是靠電腦進行。自由棋讓你在一兩個小時內下一盤棋，通訊西洋棋則是給你和電腦一天或更長的時間來計算正確的棋步。看起來通訊西洋棋應該比自由棋強大很多，其實不然。西洋棋的決策樹分散很快（預先看未來十五步的走法，遠比預先看兩步多出許多種可能），所以給程式很多時間不見得能做出更好的決定。事實上，威廉斯認為，通訊西洋棋提供更多資料讓自由棋團隊裡的人思考，反而更容易發生某些錯誤。萊利赫擔心，通訊西洋棋團隊裡的人比較可能以為他們可以篡改電腦的判斷。電腦西洋棋專家瑞根比較佩服自由棋團隊的棋藝。即使多點時間使用電腦真的有效，通訊西洋棋比賽歸結到底，其實是在比誰比較有時間，那是另一種人機合作，但以競爭因素來看，目前為止自由棋比較有趣。

關於醫療診斷和人工智慧的摘要，見 Christopher de la Torre, "The AI Doctor is Ready to See You," *Singularity Hub*, May 10, 2010, http://singularity hub.com/2010/05/10/the-ai-doctor-is-ready-to-see-you/，以及 Katie Hafner, "For Second Opinion, Consult a Computer?" *The New York Times*, December 3, 2012。一個經典醫療案例是 Igor Kononenko, "Machine Learning for Medical Diagnosis: History, State of the Art and Perspective," *Artificial Intelligence in Medicine*, 2001, 23(1): 89– 109。關於醫學文獻的倍增，見 http://jama evidence.com/resource/foreword/520。

關於搜尋 Google 做醫療診斷，見 H. Tang and J.H. Ng, "Googling for a Diagnosis— Use of Google as a Diagnostic Aid: Internet Based Study," *BMJ,* December 2, 2006, 333(7579): 1143– 45, http://www.ncbi.nlm.nih.gov/pubmed /17098763。

第 6 章　別怕失敗，別在乎面子

一份關於網路交友的嚴謹論文：Eli J. Finkel, Paul W. Eastwick, Benjamin R. Karney, Harry T. Reis, and Susan Sprecher, "Online Dating: A Critical Analysis from the Perspective of Psychological Science," *Psychological Science in the Public Interest,* January 2012, 13(1): 3–66。

關於坎伯利的故事，見 David Gelles, "Inside Match.com," *Financial Times*, July 29, 2011，這篇文章裡也

可以看到有關保守派和自由派的資訊，以及紐澤西的軼事。

關於認知偏誤，見 http://en.wikipedia.org/wiki/List_of_cognitive_biases。

關於實驗經濟學的看法，我要感謝 Amihai Glazer。

除了肯・瑞根以外，另一個用電腦衡量人類素質的例子，見 Matej Guid, "Search and Knowledge for Human and Machine Problem Solving," doctoral dissertation, University of Ljubljana, 2010, http://eprints.fri.uni-lj.si/1113/1/Matej__Guid.disertacija.pdf。相關研究摘要，見 Matej Guid and Ivan Bratko, "Using Chess Engines to Estimate Human Skill," *Chessbase News*, November 11, 2011, http://www.chessbase.com / newsdetail.asp?newsid=7621。亦見短文 "Chess Players Whose Moves Most Matched Computers," *The New York Times*, March 19, 2012。

關於西洋棋手的認知能力概況，見 Fernand Gobet and Neil Charness, "Expertise in Chess," in *The Cambridge Handbook of Expertise and Expert Performance*, edited by K. Anders Ericsson, Neil Charness, Paul J. Feltovich, and Robert R. Hoffman (New York: Cambridge University Press, 2006): 523–38。亦見 Fernand Gobet, Alex de Voogt, and Jean Retschitzki, *Moves in Mind: The Psychology of Board Games* (New York: Psychology Press, 2004)。

關於西洋棋中的男性和女性差異，見 Patrik Gränsmark, *Essays on Economic Behavior, Gender and Strategic Learning* (Stockholm: The Swedish Institute for Social Research, Stockholm University, 2010) 的論文彙編。

你可以在網路上找到各篇論文，資訊如下：Patrik Gränsmark and Christer Gerdes, "Strategic Behavior Across Gender: A Comparison of Female and Male Expert Chess Players," *Labour Economics*, 2010, 17(5): 766–75；Patrik Gränsmark,"A Rib Less Makes You Consistent but Impatient: A Gender Comparison of Expert Chess Players," Working Paper Series, Swedish Institute for Social Research, May 25, 2010；以及 Anna Dreber, Christer Gerdes, and Patrik Gränsmark, "Beauty Queens and Battling Knights: Risk Taking and Attractiveness in Chess," Discussion Paper No. 5314, The Institute for the Study of Labor, Bonn, November 2010。

關於以前西洋棋手的實力，見 Kenneth W. Regan and Guy McC. Haworth, "Intrinsic Chess Ratings," May, 18, 2011, http://www.cse.buffalo.edu/~regan/papers/pdf/ReHa11c.pdf。

關於西洋棋和認知進步，以及文獻的調查，見 Robert W. Howard, "Searching the Real World for Signs of Rising Population Intelligence," *Personality and Individual Differences*, April 2001, 30(6): 1039–1058。除了肯．瑞根的研究以外，另一個研究以前世界棋王實力的是 Matej Guid, Aritz Pérez, and Ivan Bratko, "How Trustworthy Is CRAFTY's Analysis of World Chess Champions?" *ICGA Journal,* September 2008, 31(3): 131–44。

關於在西洋棋表現較佳的女棋手，見 NotoriousLTP, "Participation Explains Gender Differences in the Proportion of Chess Grandmasters," *ScienceBlogs*, January 30, 2007, http://scienceblogs.com/purepedantry/2007/01/30/participation-explains-differe/，以及 C.F. Chabris and M.E. Glickman, "Sex Differences in Intellectual Performance: Analysis of a Large Cohort of Competitive Chess Players," *Psychological Science*, December 2006, 17(12): 1040–46。

關於從電腦觀點看所有西洋棋的引述，見 D. T. Max, "The Prince's Gambit: A Chess Star Emerges for the Post-Computer Age," *The New Yorker,* March 21, 2011。

第7章　No，我們不要一個被電腦主宰的世界

關於GPS失靈的報告，見 Tom Vanderbilt, "It Wasn't Me, Officer! It Was My GPS: What Happens When We Blame Our Navigation Devices for Our Car Crashes," *Slate*, June 9, 2010。Ari N. Schulman 在他的文章中思考了一些相關議題："GPS and the End of the Road," *The New Atlantis*, Spring 2011。關於駕駛人使用GPS時遇到的一些問題，更正式的研究請見 Barry Brown and Eric Laurier, "The Normal, Natural Troubles of Driving with GPS," CHI 2012, Proceedings of the SIGCHI Conference on Human Factors in Computing Systems, Austin, Texas。

關於西洋棋機器人的難題，見 Duncan Graham- Rowe, "Chess Robots Have Trouble Grasping the Game," *New Scientist,* December 20, 2011, http://www.newscientist.com/blogs/onepercent/2011/12/chess-robots-have-trouble-gras.html。

關於套用西洋棋級數到真實世界表現績效的其他方法，見 Garth Zietsman, “Chess, Intelligence and Winning Arguments,” *FreakoStats*, March 16, 2012, http://garthzietsman.blogspot.com/2012/03/chess -in-telligence-and-winning.html。

關於用藥遵從度評分，見 Scott Thurm, “Next Frontier in Credit Scores: Predicting Personal Behavior,” *The Wall Street Journal,* October 27, 2011，這也是查詢信用評級資料的出處。

馮內果的引述取自他的小說 *Player Piano* (New York: Dial Press, 2006), p. 93, 1952。另外，一六一頁也有機器如何精確衡量人類天分的討論。

第 8 章　網路很好用，但絕非萬能

關於尤考斯基的看法，見 Robin Hanson, “Debating Yudkowsky,” *Overcoming Bias*, July 3, 2011, http://www.overcomingbias.com/2011/07/debating-yudkowsky.html。

關於沒有匹配的身體難以製造完整的人工智慧的相關討論，見 Virginia Hughes, “Body Conscious: When It Comes to Artificial Intelligence, the Brain Isn't Everything,” *New Scientist,* August 20, 2011。亦見 David J. Linden, “The Singularity Is Far: A Neuroscientist's View,” *BoingBoing,* July 14, 2011, http://boing-boing.net /2011/07/14/far.html.。另一篇實用論文是 David Robson, “Your Clever Body: Thinking from Head to Toe,” *New Scientist*, October 15, 2011。

關於和羅賽特的對話，見 http://orgtheory.wordpress.com/2011/10/22/2011 -loebner-prize-artificial-intelligence-still-has-a-long-way-to-go/。

Tyler Cowen 和 Michelle Dawson 談杜林的文章，見 "What Does the Turing Test Really Mean? And How Many Human Beings (Including Turing) Could Pass?", June 3, 2009, http://www.gmu.edu/centers/publicchoice/faculty%20pages /Tyler/turingfinal.pdf。關於杜林的描述，以及他個人著名隨筆的觀點，都是取自這篇文章，該文若有任何錯誤或缺失，都不是 Dawson 的責任。

下面網址可找到聰明機的對話內容：http://www.geekologie.com/2009/02/cleverbot-arguably-clever-want.php。

關於哪種線上方法可行，見 Valentin Schöndienst and Linh Dang- Xuan, "The Role of Linguistic Properties in Online Dating Communication— A Large-Scale Study of Contact Initiation Messages," http://www.pacisnet.org/file/2011/PACIS2011-166.pdf。

這兩張圖是取自 Torie Bosch, "How Robots Saved an Artist's Sanity: The Greatest Artist of His Generation Is Named Paul." *Slate*, November 15, 2012。關於西洋棋的美學，見 Azlan Iqbal (with Harold van der Heijden, Matej Guid and Ali Makhmali), "A Computer Program to Identify Beauty in Problems and Studies," *Chessbase News*, December 15, 2012, http://www.chessbase.com/newsdetail.asp?newsid=8602。

關於西洋棋作弊的醜聞，可參見 Henry Samuel, "Chess World Rocked by French Cheating Scandal," *The*

Telegraph, March 25, 2011，以及 "French Chess Federation Suspends Players Accused of Cheating," *ChessBase News*, March 21, 2011, http://www.chessbase.com/newsdetail.asp?newsid=7094。關於肯・瑞根對電腦西洋棋作弊的研究，見 Dylan Loeb McClain, "To Detect Cheating in Chess, a Professor Builds a Better Program," *The New York Times*, March 19, 2012。作弊不見得會用到電腦、機器或是把人藏在箱子裡。經濟學家 Charles Moul 和 John Nye 研究了一九四〇年到一九六四年的蘇聯西洋棋手。美國的西洋棋大師 Bobby Fischer 指控蘇聯棋手在那幾年間作弊，他認為他們刻意對某些棋手放水，故意下成平手，以保留實力等長時間比賽時再發揮。基本上他們會操弄比賽結果，以阻止非蘇聯的棋手奪冠。Moul 和 Nye 回顧那段時間的比賽，發現 Fischer 的指控是真的，尤其蘇聯棋手會共謀下成平手。Fischer 說的沒錯，那段期間蘇聯選手一直在作弊。Charles C. Moul and John V. Nye, "Did the Soviets Collude? A Statistical Analysis of Championship Chess 1940– 64," *Journal of Economic Behavior and Organization*, 2009, 70(1-2): 10-21。

關於用土耳其機器人欺騙杜林測試，見 Tom Standage, *The Mechanical Turk: The True Story of the Chess-Playing Machine That Fooled the World* (London: The Penguin Press, 2002), p. 215。書中也詳盡介紹了土耳其機器人。關於會說話的機器，見 Bradley Ewart, *Chess: Man vs Machine* (San Diego: A.S. Barnes & Company, 1980), pp. 26–28。書中對土耳其機器人及其歷史和運作提供了豐富的資訊。

關於 Google 和記憶，見 Betsy Sparrow, Jenny Liu, and Daniel M. Wegner, "Google Effects on Memory:

Cognitive Consequences of Having Information at Our Fingertips," *Science*, August 5, 2011。

關於記憶和創新，可參見 "General Introduction," by Mary Carruthers and Jan M. Ziolkowski, in *The Medieval Craft of Memory: An Anthology of Texts and Pictures*, edited by Mary Carruthers and Jan M. Ziolkowski (Philadelphia: University of Pennsylvania Press, 2002)，尤其是 3–4 頁。

關於馬丁．托勒森及其比賽的簡要報導，見 Dylan Loeb McClain, "The New Computer Chess Bully on the Screen," *The New York Times*, Gambit, the Chess Blog, January 11, 2011, http://gambit.blogs.nytimes.com/tag/martin-thoresen/。

關於土耳其機器人的自負，見 Bradley Ewart, *Chess: Man vs Machine* (San Diego: A.S. Barnes & Company, 1980), p. 76。在神經經濟學領域，諾貝爾獎得主 Vernon Smith 和合作者做了一個知名的研究：合作者知道他們面對的是人類，而非電腦時，反應有何不同。見 Kevin McCabe, Daniel Houser, Lee Ryan, Vernon Smith, and Theodore Trouard, "A Functional Imaging Study of Cooperation in Two-Person Reciprocal Exchange," *PNAS*, September 25, 2001, 98(20): 11,832–35, doi: 10.1073/pnas.211415698。

第 9 章　誰怕國際競爭？好膽你就來！

關於勞工產出的比例下降，見 Florence Jaumotte and Irina Tytell, "How Has the Globalization of Labor Affected the Labor Income Share in Advanced Countries?", IMF Working Paper, 2007。

關於鮑哈斯談移民的教材，見 Bryan Caplan, "Borjas, Wages, and Immigration: The Complete Story," *Econ-Log*, March 16, 2007, http://econlog.econlib.org/archives/2007/03/borjas_wages_an.html。

關於工作外移的議題，最詳盡的理論論述，見 Daron Acemoglu, Gino Gancia, and Fabrizio Zilibotti, "Offshoring and Directed Technical Change," National Bureau of Economic Research, Working Paper 18595, December 2012。

關於多國企業創造與破壞的就業機會，見 Jia Lynn Yang, "Corporations Pushing for Job-Creation Tax Breaks Shield U.S.-vs.-Abroad Hiring Data," *The Washington Post,* August 21, 2011。

關於奧圖對工作外移的研究，見 David H. Autor, David Dorn, and Gordon H. Hanson, "The China Syndrome: Local Labor Market Effects of Import Competition in the United States," National Bureau of Economic Research, Working Paper 18054, May 2012。亦見相關研究：Runjuan Liu and Daniel Trefler, "A Sorted Tale of Globalization: White Collar Jobs and the Rise of Service Offshoring," National Bureau of Economic Research, Working Paper 17559, November 2011，這也是職業下移資訊的出處。

關於美國有多少經濟來自中國，見 Galina Hale and Bart Hobijn, "The U.S. Content of 'Made in China'," Federal Reserve Board of San Francisco Economic Letter, August 8, 2011。

關於移民和工作外移之間的關聯，相關研究概要見 Tyler Cowen, "How Immigrants Create More Jobs," *The New York Times,* October 30, 2010。

關於經濟群集的重要，見 Noah Smith 的部落格文章，“Great Stagnation…or Great Relocation?”, http://noahpinionblog.blogspot.com/2011/09 /great-stagnationor-great-relocation.html。

關於城市的分散，見 Sabrina Tavernise, “A Gap in College Graduates Leaves Some Cities Behind,” *The New York Times*, May 30, 2012。關於聚合，見 Peter Ganong and Daniel Shoag, “Why Has Regional Convergence in the U.S. Stopped?” SSRN working paper, March 28, 2013, 亦見 Enrico Moretti, *The New Geography of Jobs* (Boston: Houghton Mifflin Harcourt, 2012)。

關於網路造成薪資效益的地理集中現象，見 Chris Forman, Avi Goldfarb, and Shane Greenstein, “The Internet and Local Wages: A Puzzle,” *American Economic Review,* Febuary 2012, 102(1): 556–75。

關於德國人口再度成長，見 Suzanne Daley and Nicholas Kulish, “Brain Drain Feared as German Jobs Lure Southern Europeans,” *The New York Times*, April 28, 2012。

關於服務業的工作成長，見 A. Michael Spence and Sandile Hlatshwayo, “The Evolving Structure of the American Economy and the Employment Challenge,” Council on Foreign Relations, March 2011。

最近有關回流的看法，見 John Markoff, “Skilled Work, Without the Worker,” *The New York Times*, August 18, 2012。

第10章　當百貨公司成了教室

關於中小學教育的數字，見 Stephanie Banchero and Stephanie Simon, "My Teacher is an App," *The Wall Street Journal*, November 12, 2011。

創新要有更強誘因的看法，是 Alex Tabarrok 提出的。

關於百貨公司模式，見 Daniel de Vise, "At Virginia Tech, computers help solve a math class problem," *The Washington Post*, April 22, 2012。

關於拼字比賽，見 Angela Lee Duckworth, Teri A. Kirby, Eli Tsukayama, Heather Berstein, and K. Anders Ericsson, "Deliberate Practice Spells Success: Why Grittier Competitors Triumph at the National Spelling Bee," *Social Psychological and Personality Science*, October 4, 2010 首度線上發表，doi: 10.1177/1948550610385872。

關於傑西．克萊，見 Scott Kraft, "Chess Players Making Right Moves at Younger Ages," the *Los Angeles Times*, May 10, 2011。

關於神童的發展，見 Jonathan Wai, Martha Putallaz, and Matthew C. Makel, "Studying Intellectual Outliers: Are There Sex Differences, and Are the Smart Getting Smarter?" *Current Directions in Psychological Science*, December 2012, 21(6): 382–90, doi:10.1177/0963721412455052。

關於KIPP的兩項研究，見 Joshua D. Angrist, Susan M. Dynarski, Thomas J. Kane, Parag A. Pathak, and Christopher R. Walters, "Who Benefits From KIPP?" National Bureau of Economic Research, Working Paper 15740, February 2010；以及 Christina Clark Tuttle, Bing-ru Teh, Ira Nichols- Barrer, Brian P. Gill，以及 Philip Gleason 的未發表原稿："Student Characteristics and Achievement in 22 KIPP Middle Schools," June 2010。

雅曼達·里普利的引述摘自 Amanda Ripley, "Boot Camp for Teachers," *The Atlantic,* July/August 2012。

關於香港的補教名師，見 Hillary Brenhouse, "Meet the Glamorous Celebrity Tutors of Hong Kong," *Slate*, August 29, 2011。

關於責任感的重要性，見 Angela L. Duckworth, David Weir, Eli Tsukayama, and David Kwok, "Who Does Well in Life? Conscientious Adults Excel in both Objective and Subjective Success," *Frontiers in Psychology*, September 2012, 3:356。James J. Heckman 在他的文章中，思考了多種人格特質的關聯："Integrating Personality Psychology into Economics," National Bureau of Economic Research, Working Paper, 17378, August 2011。

第 11 章　每個人都要有單打獨鬥的能力

關於歷史的證明及其模稜兩可，見 Dick Lipton, "Deolalikar's Claim: One Year Later," August 11, 2011, http://rjlipton.wordpress.com /2011/08/11/deolalikars-claim-one-year-later/。

一份共同執筆的經濟論文，見 Daniel S. Hamermesh, "Six Decades of Top Economics Publishing: Who and How?" National Bureau of Economic Research, Working Paper 18635, December 2012。該論文也是經濟學家發表論文的年紀愈來愈大及愈來愈依賴原創資料的出處。

我是二〇一二年十二月二十六日上維基百科取得該論的定義，也許現在會寫得更清楚可讀。

關於非經濟學家成名的年紀，見 Benjamin F. Jones and Bruce A. Weinberg 未出版前的線上資料："Age Dynamics in Scientific Creativity," *PNAS*, November 7, 2011, doi: 10.1073/pnas.1102895108。

關於資料運算排擠理論，見 Leo Breiman 的知名論文："Statistical Modeling: The Two Cultures," Statistical Science, 2001, 16(3): 199–231，包括該文的相關評論。亦見 Betsey Stevenson 和 Justin Wolfers 最近的文章，"Business is Booming in Empirical Economics," Bloomberg.com, August 6, 2012。前面也提過，見 Daniel S. Hamermesh, "Six Decades of Top Economics Publishing: Who and How?" National Bureau of Economic Research, Working Paper 18635, December 2012。Peter Norvig 談統計學文化及統計的學習是另一個相關出處，可參見 Peter Norvig, "On Chomsky and the Two Cultures of Statistical Learning," http://norvig.com/chomsky.html。

第 12 章　告別平庸世代

美國的國會預算局估計，光是靠增稅來縮減目前的預算赤字，需要提高稅率達兩倍之多，見 "The

Long-Term Effects of Some Alternative Budget Policies," Congressional Budget Office, May 19, 2008, http://www.cbo.gov/ftpdocs/92xx/doc9216/Letter-to-Ryan.1.1.shtml。

關於移民，包括移居德州，見 http://www.migration information.org/datahub/state.cfm?ID=TX#table3。至於相關背景資訊，亦見 Peter Ganong and Daniel Shoag, "Why Has Regional Income Convergence in the U.S. Stopped?", SSRN working paper, March 28, 2013。遷進和遷出的其他資料，包括 http://www.census.gov/prod/2006pubs/p25-1135.pdf。

關於德州的天氣，見 Ana Campoy, "Heat Scorches Parched Texas," *The Wall Street Journal*, August 6, 2011。

關於休士頓和布魯克林的住宅價格，見 Kevin D. Williamson, "Paul Krugman is Still Wrong About Texas," *National Review Online*, August 15, 2011。

關於醫療保險受保人的資料，見 Kaiser Family Foundation, "Projecting Income and Assets: What Might the Future Hold for the Next Generation of Medicare Beneficiaries?", June 2011, http://www.kff.org/medicare/8172.cfm，關於淨值的中位數，見 http://www.census.gov/prod/2008pubs/p70-115.pdf, Table 4.

諾克斯維爾的資訊可從 Apartments.com 和 Apartment Guide.com 取樣。

關於艾爾帕索和華雷斯城，見 Andrew Rice, "Life on the Line," *The New York Times Magazine*, July 31, 2011。

關於女性的脆弱，見 Gregory Acs, "Downward Mobility from the Middle Class: Waking up from the American Dream," Pew Charitable Trusts, Economic Mobility Project, 2011。個人跌出中產階級的看法也是來自該研究。

理查・佛羅里達的引述摘自 Richard Florida, "The Conservative States of America," *The Atlantic*, March 29, 2011。

國家圖書館出版品預行編目（CIP）資料

再見，平庸世代：你在未來經濟裡的位子 / 泰勒．柯文 (Tyler Cowen) 著；洪慧芳譯．-- 初版．-- [臺北市]：早安財經文化，2015.02
面；　公分．--（早安財經講堂；65）
譯自：Average is over : powering America beyond the age of the great stagnation
ISBN 978-986-6613-70-8（平裝）

1. 經濟預測 2. 經濟政策

551.98　　　　104000739

早安財經講堂 65

再見，平庸世代

你在未來經濟裡的位子

Average is Over

Powering America Beyond the Age of the Great Stagnation

作　　者：泰勒．柯文 Tyler Cowen
譯　　者：洪慧芳
特 約 編 輯：莊雪珠
封 面 設 計：Bert.design
責 任 編 輯：沈博思、劉詢
行 銷 企 畫：陳威豪、陳怡佳

發　行　人：沈雲驄
發行人特助：戴志靜、黃靜怡
出 版 發 行：早安財經文化有限公司
台北市郵政 30-178 號信箱
電話：(02) 2368-6840　傳真：(02) 2368-7115
早安財經網站：http://www.morningnet.com.tw
早安財經部落格：http://blog.udn.com/gmpress
早安財經粉絲專頁：http://www.facebook.com/gmpress

郵撥帳號：19708033　戶名：早安財經文化有限公司
讀者服務專線：(02)2368-6840　服務時間：週一至週五 10:00~18:00
24 小時傳真服務：(02)2368-7115
讀者服務信箱：service@morningnet.com.tw

總　經　銷：大和書報圖書股份有限公司
電話：(02)8990-2588
製 版 印 刷：中原造像股份有限公司
初 版 1 刷：2015 年 2 月
初 版 13 刷：2015 年 2 月

定　　價：350 元
I S B N：978-986-6613-70-8（平裝）

這是條可怕的路，

但能帶領我們走出經濟大停滯……